3
n 111

I

DE BOULIER (a)
OU BOUILLÉ-DU CHARIOL,

Barons d'Aurouze, d'Alleret & de Thiniéres, Seigneurs de Coulanges & du Vialard.

EN *AUVERGNE.*

De Gueules à une Croix d'Argent anchrée.

Devise, A VERO BELLO CHRISTI.

La Maison de BOULIER (b), connue également sous le nom DU CHARIOL (c), est aussi distinguée par son ancienneté que par ses alliances. Elle étoit dès le temps des Croisades dans la classe de Chevalerie : on sçait que cet honneur étoit alors le prix du sang & la récompense des services les plus distingués rendus à la Patrie.

Noble PIERRE Bouilletz fut présent avec Pierre de Chabannes & plusieurs autres Nobles à un acte de l'an (d) 1155 concernant Thibaud Abbé de Montpeiroux en Auvergne.

PREMIER DÉGRÉ.

GUILLAUME Boulier I.er du nom, Chevalier, reconnut par acte (e) du mois de Mars (f) 1254 tenir en Fief de la même Abbaye de Montpeiroux en Auvergne, entr'autres biens, toutes les dixmes qu'il possédoit dans la Paroisse de Celle, à l'exception de la dixme du Puy de Montguerlhe qu'il

---

(a) (b) C'est ainsi que le nom de cette Maison d'ancienne Chevalerie doit s'écrire, conformément au nom latin qui est *Bolherii, Botlherii & Boulherii* ; & si depuis environ 50 ans on le trouve écrit DE BOUILLÉ soit dans les titres, soit dans plusieurs ouvrages imprimés, ce n'est que par corruption & en le confondant mal à propos avec celui de l'ancienne Maison de Bouillé de la Province du Maine, dont les Armes sont *d'Argent à une Fasce de Gueules frettée d'Or & posée entre deux Trangles aussi de Gueules.*

(c) Vers le quinziéme siécle ceux de cette Maison portérent indifféremment le nom de *Boulier* & celui *du Chariol.* Souvent aussi ils les joignoient ensemble, & dans les mêmes actes ils étoient quelquefois nommés sous ces deux noms. On observe encore que la seconde Branche de cette Maison porta pendant trois générations le seul nom *du Chariol* ; mais Pierre & Jaques, auteurs du XIII.e Dégré de cette même seconde Branche & de la troisiéme, reprirent le nom *de Boulier* & le joignirent à l'autre.

(d) Preuves, page 1.ere N.° I.

(e) Au dos de cet acte on lit ce qui suit, écrit d'une écriture qui peut avoir environ 3 ou 400 ans : *de Feudo Wy* (c'est-à-dire *Guillelmi*) *Bolhier Seig.r du Charriol de tout le disme qu'il ha (à) Celle ex.té le disme de Montguelle* ; d'où l'on conclut que ce Guillaume fut possesseur de la Terre du Chariol.

(f) Preuves, page 1. N.° II.

déclara tenir en Fief du Seigneur de Volorre. Il fut (*a*) l'ayeul de Pierre cy-après & de

BÉATRIX Boulier femme de Pierre BRESSO Damoiseau, laquelle ne vivoit plus, ainsi que son mari, en (*b*) 1314.

HÉLIS Boulier aliàs du Chariol (qu'on croit être aussi sœur de Pierre qui suit) épousa Pons MOTIER Seigneur de Champestiéres en partie, fils d'autre Pons Motier Seigneur de la Fayette, & en étoit veuve lorsqu'elle fit Hommage au nom de ses enfans le samedi après la S.t Mathieu (*c*) 1307 à Robert Comte d'Auvergne de la moitié de la Terre de Champestiéres.

II.e (*d*) & III.e DÉGRÉS.

PIERRE Boulier I.er du nom, Chevalier, Seigneur du Chariol, ainsi qualifié dans l'acte du jeudi après la Fête de S.t Grégoire Pape (*e*) 1314 cité sur le dégré suivant, ne vivoit plus alors, & eut les deux enfans qui suivent.

4. GUILLAUME Boulier continua la descendance.

4. PIERRE Boulier est connu par l'acte de (*f*) 1314 cité ci-dessus, auquel il fut présent & qui prouve qu'il avoit embrassé alors l'état Ecclésiastique.

IV.e DÉGRÉ.

GUILLAUME Boulier 2.e du nom, Chevalier, Seigneur du Chariol, est dit fils & héritier de feu M.re Pierre Boulier aussi Chevalier, Seigneur du Chariol, (*Dominus Guillelmus Botlherii Miles, Dominus nunc del Charriol, filius & heres Domini Petri Botlherii Militis quondam, Dominique quondam del Charriol*) dans l'acte du jeudi après la Fête de S.t Grégoire Pape (*g*) 1314, par lequel il reconnut qu'autre M.re Guillaume Boulier Chevalier, son bisayeul, (*recognovit quod Dominus Guillelmus Botlherii Miles, proavus quondam dicti Domini Guillelmi Botlherii Militis, Domini nunc del Charriol, et nunc heredis dicti Domini Petri Botlherii Militis et dicti Domini Guillelmi Botlherii Militis ejus proavi quondam ex legitima successione per directam lineam descendente*) avoit reçu des Religieux de l'Abbaye de Montpéiroux certains Fiefs mentionnés dans deux actes (*h*) scellés du Sceau de l'Officialité de Clermont en Auvergne, lesquels actes il approuva & confirma par ledit acte de 1314 où il reconnut encore tenir en Fief du même Monastére toutes les dixmes qu'il possédoit dans la Paroisse de Celle à raison de son héritage paternel ou de ses prédécesseurs (*ratione hereditatis paterne aut predecessorum*), sauf la dixme du Puy de Montguerlhe qu'il déclara tenir en Fief, ainsi que son bisayeul l'avoit tenu (*ut proavus suus predictus*), de noble & puissant homme le Seigneur de Volorre. On n'a produit aucun acte qui justifie la filiation de Pierre ci-après à ce Guillaume ; mais le rapport des tems & la possession de la même Terre du Chariol ne laissent aucun doute à cet égard.

(*a*) Un acte du jeudi après la Fête de S.t Grégoire Pape 1314, énoncé à la page ij des Preuves, N.o III, nomme le petit-fils & l'arriére-petit-fils de Guillaume Boulier I.er du nom, Chevalier, connu par l'acte du mois de Mars 1254, mais ne fait aucune mention de son fils.

(*b*) Preuves, page ij, N.o III.

(*c*) Histoire Généalogique des Grands Officiers de la Couronne, Tome VII, page 63.

(*d*) Voyez la note *a* de cette page.   (*e*) (*f*) (*g*) Preuves, page ij, N.o III.

(*h*) Le premier de ces deux actes (on ne connoît pas le second) est celui du mois de Mars 1254 énoncé sur le Dégré de Guillaume Boulier I.er du nom, Chevalier, bisayeul de Guillaume II.

V.^e D É G R É.

PIERRE Boulier 2.e du nom, Chevalier, Seigneur du Chariol, compris
sous la qualité d'Ecuyer (*Petrus Boillier Scutifer*) parmi la principale Noblesse
d'Auvergne dans un Arrêt du Parlement du 30 May (*a*) 1328 adressé au
Bailly d'Auvergne pour ajourner à Paris plusieurs Gentilshommes au sujet
de certains priviléges obtenus par eux au préjudice des Religieux & Com-
munautés de cette Province, fut fait depuis Chevalier, qualité qu'on lui trouve
1.° dans le contrat de mariage de Louis son fils du jeudi avant la Fête de
St Urbain (*b*) 1351, 2.° dans l'acte d'émancipation de Pierre son autre fils
du lundi avant la Fête de Ste Marie-Madeléne de la même année (*c*) 1351,
& 3.° dans un autre acte (*d*) datté du même jour, qui prouve qu'il avoit
eu pour femme Ahélis *de Ruppe* alors décédée, fille de feu Guillaume *de Ruppe*
Damoiseau, & de ce mariage les deux enfans cy-après.

6. LOUIS Boulier continua la descendance.

6. PIERRE Boulier est qualifié » vénérable homme Pierre Boulier (*Botlherii*)
» Clerc, fils de noble homme Mre Pierre Boulier (*Botlherii*) Chevalier,
» Seigneur du Chariol, & de Dame Ahélis *de Ruppe* son épouse, « dans
l'acte du lundi avant la Fête de Ste Marie-Madeléne (*e*) 1351, par
lequel il remit tant audit Pierre son pére qu'à Louis son frére tous
les droits qu'il pouvoit avoir dans les biens desdits Seigneur & Dame
ses pére & mére ; en retour de quoy son pére lui donna 40 livres
tournois de rente & *hospicium suum vocatum de Porcharesses* situé dans
la Ville de Thiers.

JEAN Boulier (*Religioso viro Domino & Religioso viro Fratre Johanne
Botlherii Ordinis Sancti Johannis Jerosolimitani*) paroît sous cette déno-
mination, comme témoin, dans l'acte du lundi avant la Fête de S.^{te}
Marie-Madeléne (*f*) 1351, & dans l'acte d'émancipation (qui y est
inféré) de Pierre Boulier cy-dessus, de la même année (*g*) 1351. Il
fut depuis Commandeur (*h*) du même Ordre (*i*) de St Jean de Jérusalem.

CHATARD Boulier Chanoine & Trésorier de l'Eglise de Thiers ne vivoit
plus le lundi avant la Fête de Ste Marie-Madeléne (*k*) 1351, jour
où Pierre Boulier Chevalier, Seigneur du Chariol, donna à autre Pierre
son fils les biens que ce Chatard possédoit dans la Ville de Thiers &
à Pissaben.

PHILIPPE Boulier fut mariée le jour de St Barnabé 1376 avec Hugues
DE FRÉDEVILLE Chevalier, Seigneur de Frédeville, Chambellan
de Jean Duc de Berry & d'Auvergne (*l*).

(*a*) Preuves, page iv. N.° IV.　　　　(*b*) Preuves, page iv. N°. V.

(*c*) Preuves, page vij. N.° VI.　　　　(*d*) (*e*) (*f*) (*g*) Preuves, page vj. N.° VI.

(*h*) Les témoins qui furent entendus le 19 Mai 1597 sur la Noblesse de Claude (*) de la Salle, pour
sa réception dans l'Ordre de Malte au Grand Prieuré d'Auvergne, déposérent que *la Maison du Chariol,
Maison fort ancienne, avoit donné un Commandeur à la Religion* : cette déposition ne peut avoir rapport
qu'à ce Jean Boulier.

(*) Ce Claude de la Salle étoit arriére-petit-fils de Catherine (Boulier-) du Chariol fille de Jacques du Chariol
Chevalier, lequel étoit frére aîné d'Antoine du Chariol auteur du Xe Dégré de la 2.e Branche.

(*i*) Les Mémoires de la Maison de Boulier portent qu'il fut Commandeur de Montferrand en Auvergne.

(*k*) Preuves, page vj. N.° VI.

(*l*) Cette Philippe Boulier n'est connüe que par des Mémoires de Mrs de Frédeville.

VI.ᵉ DÉGRÉ.

LOUIS Boulier Chevalier, Seigneur du Chariol, n'étoit encore que Damoiseau lorsqu'il épousa par contrat du jeudi avant la Fête de S.ᵗ Urbain (a) 1351 Demoiselle Isabelle DE LA GRAULIÉRE, fille de M.ʳᵉ Guy de la Grauliére Chevalier & de noble Dame Dame Philippe *de Moncello*; est qualifié Chevalier dans un ascensement qu'il fit à un particulier de la Ville de Châteldon le lundi avant la Fête de S.ᵗᵉ Catherine Vierge (b) 1389; rendit Hommage le jeudi après la Fête de S.ᵗᵉ Foy Vierge (c) 1397 à Louis de Listenoix Chevalier, Seigneur de Montaigu & de la Ville de Châteldon, pour les biens qu'il tenoit de lui, ainsi que ses prédécesseurs de toute ancienneté (*et predecessores suos ab antiquo*), dans ladite Ville & Chatellenie; fit un autre ascensement le 4 Juin (d) 1400; mourut avant le 16 May (e) 1423; & eut les enfans qui suivent.

7. GUILLAUME Boulier continua la descendance.

7. N... Boulier fut pére de

    8. YZEU Boulier nommée dans l'acte du 16 May (f) 1423 où elle est dite niéce de Guillaume qui va suivre & femme de noble Bertrand DE LA COURTINE.

VII.ᵉ DÉGRÉ.

GUILLAUME Boulier III.ᵉ du nom, Chevalier, Seigneur du Chariol, qualifié noble homme & Damoiseau dans l'acte du lundi avant la Fête de S.ᵗᵉ Catherine Vierge (g) 1389 & dans un Hommage qu'il rendit le 4 Décembre (h) 1407 au Seigneur de Châteldon, étoit Chevalier le 16 May (i) 1423 datte d'une donation qu'il fit à noble & puissante Dame Dame Béatrix DE MONTREVEL sa femme Dame de la Faye, qui y est dite fille de feu noble homme Messire Guillaume de Montrevel aliàs dit Lermite, Seigneur de la Faye, & sœur germaine de feus nobles & puissants hommes M.ʳᵉˢ Jean & Louis de Montrevel Chevaliers. Suivant un autre acte (k) dont la date n'existe plus, mais qui ne peut être postérieur que de peu d'années au précédent, il partagea avec noble homme Antoine de Montchenu Ecuyer, Seigneur de Beausemblant, son beau-frére, époux de noble Dame Phélipe de Montrevel sœur germaine de sa femme, la succession desdits défunts nobles hommes Messires Jean & Louis de Montrevel dit Hermitte, Chevaliers, Seigneurs de la Faye, d'Argental & de plusieurs autres Terres & Seigneuries, aussi ses beaux-fréres, enfans & héritiers dudit feu Messire Guillaume de Montrevel dit Hermitte & de Dame Phélipe de Feneroux; en conséquence duquel partage il échut à Béatrix de Montrevel femme dudit Seigneur du Chariol les Châteaux de la Faye & du Bruant en Auvergne, les Châteaux & Terres de Mézent & des Estables, & le Péage du Malpas, situés en Languedoc, ensemble les Juridictions, Justices, Fiefs, Arriére-Fiefs, Noblesses, collations, droits

---

(a) Preuves, page iv. N.° V.

(b) Preuves, page vij. N.° VII.

(c) Preuves, page viij. N.° VIII.

(d) Preuves, page ix. N.° IX.

(e) (f) Preuves, page ix. N.° X.

(g) Preuves, page vij. N.° VII.

(h) Cet acte est cité dans un Jugement de maintenüe de Noblesse rendu par M.ʳ de Fortia Intendant d'Auvergne en faveur de cette Maison de Boulier le 30 Novembre 1666, produit en original.

(i) Preuves, page ix. N.° X.

(k) Preuves, page xij. N.° XI.

de patronages & autres droits dépendans defdits Châteaux, Terres & Seigneuries. Quant à ladite Dame Phélipe de Montrevel elle eut pour fon lot
les Châteaux & Terres d'Argental & de Chaftelbocz (Chaftelbouc) en Languedoc, de Montpeiroux & de Fénérolx, & la Tour & Hotel de Tihert,
fitués en Auvergne; plus *la dette de fept mille ducats qui étoit düe par le Roy
de Chipre*, à condition que fur ce qui en feroit recouvré ladite Dame Béatrix
auroit dix ducats par cent. Guillaume Boulier mourut avant le 20 Décembre (*a*)
1428, jour auquel fa veuve qui vivoit encore le 19 Août (*b*) 1438 fit une
donation en faveur de fes quatre enfans, qui fuivent.

8. GUILLAUME Boulier continua la defcendance.

8. JEAN Boulier,   } font qualifiés *nobles perfonnes* dans le contrat de
8. LERMITE Boulier, } mariage de Guillaume Boulier leur frére, du 19
8. BERNARD Boulier, } Août (*c*) 1438.

V I I I.ᵉ   D É G R É.

GUILLAUME Boulier IV.ᵉ du nom, Chevalier, Seigneur du Chariol,
époufa par contrat du 19 Août (*d*) 1438 Dame Ahélis DE MÉSET ou de
Mézet (*e*) (Dame de S.ᵗ Bonnet & du Vialard), veuve de Meffire Jaques de Murol Chevalier, Seigneur du Broc, fille de noble perfonne Meffire Antoine (*f*) de Méfet ou de Mézet, Chevalier, Seigneur de S.ᵗ Bonnet
& de Coulanges, & de Dame Souveraine de Saint Aignan Dame de S.ᵗ
Bonnet ; donna fon dénombrement le 12 Août (*g*) 1456 fous les qualités de *Noble Seigneur, Meffire, Chivalier, Seigneur du Chariol*, à noble &
puiffant Seigneur Philippe de Vienne Seigneur de Liftenois, au nom &
comme fondé de procuration de noble & puiffant Seigneur Meffire Charles
de Merlo Chevalier, Seigneur de S.ᵗ Bris, & de Dame Ifabeau de Montagu fon époufe, mére dudit Seigneur de Liftenois, & à caufe d'elle Seigneur de Châteldon, favoir de tout ce que ledit Seigneur du Chariol
tenoit de ladite Dame de Montagu à raifon des Château, Terre & Seigneurie de Châteldon ; & mourut avant le 11 Juin (*h*) 1471, date d'un acte
où il eft appellé *feu Guillaume Bolhier aliàs du Chariot* (Chariol), & où
il eft qualifié *noble & puiffant, Meffire & Chevalier, Seigneur dudit lieu du
Chariot* (Chariol). Sa veuve vivoit encore le 1.ᵉʳ Septembre (*i*) 1477 &
eft appellée dans ce dernier acte *noble & puiffante Dame Dame Ahélis de
Mézet veuve de noble & puiffant Meffire Guillaume Bolhier Seigneur du Chariol*.
De fon mariage il eut les enfans qui fuivent.

9. PIERRE Boulier aliàs du Chariol continua la filiation de la Branche
   aînée.

9. GUY ou GUYOT Boulier aliàs du Chariol Seigneur de Rochefort, appellé *vénérable perfonne Meffire Guy du Chariol* dans un acte du 3

(*a*) Cet acte eft cité dans un Jugement de mainteniie de Nobleffe rendu par M.ʳ de Fortia Intendant
d'Auvergne en faveur de la Maifon de Boulier le 30 Novembre 1666, produit en original.

(*b*) (*c*) (*d*) Preuves, page xiij. N.° XII.

(*e*) Elle eft nommée *Noble Dame Dame Ahélips de Méfiç* dans un acte original du 28 Juin 1498.
Voyez les Preuves, page xxviij. N.° XXV.

(*f*) Il eft qualifié *noble & puiffant homme, Meffire & Chevalier, Seigneur de S.ᵗ Bonnet*, dans un acte
du 11 Juin 1471. Voyez les Preuves, page xvij. N.° XIV.

(*g*) Preuves, page xvj. N.° XIII.   (*h*) Preuves, page xvij. N.° XIV.
(*i*) Preuves, page xviij. N.° XVI.

Janvier (*a*) 1493 (1494), eſt qualifié *noble & vénérable perſonne Meſſire Guyot Boulher aliàs du Chariot* (Chariol) *Prebtre, Curé de Montvendre en l'Aveſché de Valance au Pays de l'Empire, & Seigneur de Rocheffort lès Tourelle en l'Aveſché de Clermont au Pays d'Auvergne,* dans une donation qu'il fit de la Seigneurie de Rochefort à Gaſpard Boulier-du Chariol ſon neveu le 1.ᵉʳ Fevrier (*b*) 1495 (1496); & comparut ſous les noms & qualités de *noble homme Maiſtre Guy du Chariol Seigneur de Rochefort* à un acte du 3 Mars (*c*) 1497 (1498) où l'on voit (ainſi que dans la donation même) qu'il s'étoit reſervé la jouiſſance de cette Terre : ce qui eſt encore prouvé par un autre acte du 28 Juin (*d*) 1498 où il eſt nommé *noble, ſaige & diſcrette perſonne Maiſtre Guy Boulier Licencié en Décrect & Bachelier en Loix, Seigneur uſuffruictuare de la Terre & Seigneurie de Rocheffort lez Tournoille ou Diocéze de Clermont.*

9. Antoine Boulier dit du Chariol eſt auteur de la ſeconde Branche.

9. Jean Boulier,
9. Anne Boulier, } ſont appellés *Religieuſes perſonnes Fréres Jehan & Anne Boliers Religieux de l'Ordre de Sainct Benoiſt* dans l'acte du 28 Juin (*e*) 1498.

9. Henry Boulier eſt appellé dans le même acte du 28 Juin (*f*) 1498 *Religieuſe perſonne Frére Hemrys Boulier de l'Ordre de Sainct Anthoine.*

I X.ᵉ D É G R É.

Pierre Boulier III.ᵉ du nom, aliàs du Chariol, Chevalier, Seigneur du Chariol & de Neyronde, eſt qualifié *noble & puiſſant Seigneur* dans un acte du 19 Mars (*g*) 1475 (1476); fit un accord le 7 Avril (*h*) 1480 avec noble & puiſſant Seigneur M.ʳᵉ Jean de Vienne Chevalier, Seigneur de Liſtenois, & Dame Anne de Vienne ſon épouſe, Seigneur & Dame de Châteldon ; & étoit veuf le 3 Janvier (*i*) 1493 (1494) de noble Dame Catherine de la Roue qu'il avoit épouſé du (*k*) vivant de ſon pére & qui par acte du 2 May (*l*) 1491 avoit reconnu conjointement avec ledit *noble & puiſſant Seigneur* Pierre Boulier ſon mari qu'elle avoit été payée de la dot qui lui avoit été promiſe par ſon contrat de mariage. On leur connoît les enfans qui ſuivent.

10. Guillaume Boulier aliàs du Chariol, Seigneur de Neyronde, Terre qu'il eut par droit d'aîneſſe dans la ſucceſſion de ſon pére, étoit Protonotaire du S.ᵗ Siége Apoſtolique le 3 Janvier (*m*) 1493 (1494), & eſt qualifié *noble, ſaige & diſcrecte perſonne Maiſtre Guillaume Boullier Prothonotaire de noſtre Sainct Pére le Pape* dans un acte du 28 Juin (*n*) 1498 : c'eſt le ſeul acte où il ſoit nommé *Boulier* ou *Boullier,* étant toujours connu dans les autres qui le concernent ſous le nom *du Chariol.* Il étoit encore Protonotaire du S.ᵗ Siége le 8 Octobre 1534 & poſſédoit de plus la Dignité de Chantre de l'Egliſe de S.ᵗ Geneix de Thiers.

(*a*) Preuves, page xxiij. N.° XXII. (*b*) Preuves, page xxvij. N.° XXIII.

(*c*) Preuves, page xxvij. N.° XXIV. (*d*) (*e*) (*f*) Preuves, page xxviij. N.° XXV.

(*g*) Preuves, page xvij. N.° XV. (*h*) Preuves, page xix. N.° XVII.

(*i*) Preuves, page xxiij. N.° XXII. (*k*) Preuves, page xxviij. N.° XXV.

(*l*) Cet acte eſt énoncé dans un Jugement de maintenüe de Nobleſſe rendu le 30 Novembre 1666 en faveur de la Maiſon de Boulier par M.ʳ de Fortia Intendant d'Auvergne, produit en original.

(*m*) Preuves, page xxiij. N.° XXII. (*n*) Preuves, page xxx. N.° XXV.

10. GASPARD Boulier aliàs du Chariol continua la defcendance.

10. MARGUERITE Boulier fut mariée avec Gilbert DE VERNET, Ecuyer, Seigneur de Vernet, qui en étoit veuf le 23 Septembre (*a*) 1495.

10. PEYRONNELLE du Chariol eft ainfi nommée dans le contrat de mariage de Gafpard Boulier-du Chariol fon frére, du 3 Janvier (*b*) 1493 (1494), temps où elle vivoit encore.

<h2 style="text-align:center">X.^e D É G R É.</h2>

GASPARD Boulier Ier du nom, aliàs du Chariol, Chevalier, Seigneur du Chariol & de Rochefort, Baron d'Aurouze & de Thiniéres, eft appellé *Meffire Gafpard du Chariol Chevalier* dans le contrat de fon premier mariage accordé le 3 Janvier (*c*) 1493 (1494) avec Demoifelle Anne D'URFÉ (niéce de Pierre d'Urfé Grand Ecuyer de France), fille de noble & puiffant Meffire Jean d'Urfé dit Paillart Chevalier, Seigneur & Baron d'Orlhac, d'Aurouze, de Thiniéres, de Beaulieu & de la Moliére, Confeiller Chambellan du Roy, & de Dame Ifabeau de Langheac fa premiére femme; en faveur duquel mariage Pierre du Chariol fon pére *confidérant* (dit-il) *la évidente utilité de fa Maifon,* lui fit don des Hotel, Terre & Seigneurie du Chariol, *à la charge de porter le nom & les Armes du Chariol;* & par acte du 1.er Fevrier (*d*) 1495 (1496) Guyot Boulier-du Chariol » confidérant le dit Meffire Gafpard fon nepveu » germain jà efté colloqué en mariaige avec Dame Anne d'Urphé *qu'eft Dame* » *defcendüe de grant Maifon* & que dudit mariaige jà y a génération, à celle » fin que ledit Meffire Gafpard « (qui eft nommé dans cet acte *noble homme Meffire Gafpard Boulher Chivalier, Seigneur du Chariot*) » puiffe mieulx & » *plus haultement* & honneftement colloquer fes enfans & lignée, maintenir » & fuppourter les charges de mariaige & *l'eftat & dignité de Chaivalerie,* « lui donna la Seigneurie de Rochefort. Par autre acte du 28 Juin (*e*) 1498 le même Guyot ou Guy Boulier lui abandonna en outre tout le droit qu'il avoit dans la fucceffion de Guillaume pére de lui donateur; & le donataire y eft appellé *noble homme Meffire Gafpard Boulier Chivaillier, Seigneur du Chariol, auffi Seigneur propriétaire de la Terre & Seigneurie de Rocheffort, filz de feu Meffire Pierre Boulier Chivaillier, Seigneur quant vivoit de la Terre & Seigneurie du Chariol :* il eft dit dans cet acte que le but de cette donation étoit *qu'il puiffe myeulx entretenir la Maifon du Chariol laquelle eft le chief cappital de toute la chevance & Seigneurie de tous les prédeceffeurs Seigneurs dudit Chariol, & en icelle Seigneurie il puiffe honnorablement vivre & fouftenir fon eftat, fes femme & enffens norrir & entretenir en paix & bonne Nobleffe,... & affin auffi que ledit Meffire Gafpard par le temps advenir puiffe myeulx & plus noblement colloquer en mariages fes enffens.* Le même acte le nomme *Meffire Gafpard du Chariol.* En 1495 (*f*), le 23 Septembre, Demoifelle Jeanne de Chaftel dite d'Uffel, veuve de noble homme Liénard de Vernet Seigneur dudit lieu, & noble homme Gilbert de Vernet fon fils, Ecuyer, ayant vendu audit Gafpard moyennant la fomme de 900 livres la Terre & Seigneurie de

___

(*a*) Cet acte eft énoncé dans un autre du 3 Mars 1497 (1498). Voyez les Preuves, page xxvij. N.° XXIV.

(*b*) (*c*) Preuves, page xxiij. N.° XXII.   (*d*) Preuves, page xxvij. N.° XXIII.

(*e*) Preuves, page xxviij. N.° XXV.

(*f*) Cet acte eft énoncé dans un autre du 3 Mars 1497 (1498). Voyez les Preuves, page xxvij. N.° XXIV.

Boft en Bourbonnois pour la reftitution de la dot de feüe Marguerite fœur dudit Gafpard & femme dudit Gilbert de Vernet, ledit Seigneur du Chariol par acte du 3 Mars (*a*) 1497 (1498) où il eft nommé *noble homme Meffire Gafpard Boullier Chevalier, Seigneur du Chariol*, la revendit auxdits de Vernet mére & fils, qui par le même acte la cédérent à noble & puiffant Seigneur Guichard d'Albon Seigneur de S.ᵗ André & de Sérézat, Confeiller du Roi & fon Bailly de Montferrand. Il eft qualifié *puiffant Seigneur Gafpard du Chariol Chivalier, Seigneur dudit lieu & de Rochefort, Baron d'Aurouze & de Thinéres*, dans les articles du mariage de Jeanne fa fille du 28 Octobre (*b*) 1510; fit une donation le 26 Janvier (*c*) 1514 (1515) à Claude fon autre fille; tranfigea le 25 Fevrier (*d*) 1516 (1517) avec la Ducheffe de Bourbon Dame de Thiern » pour raifon de la Riviére d'Orolle & des eaux & efclufes » eftans en icelle; « paffa un acte le 6 May (*e*) de la même année 1517 avec les Religieux du Prieuré de Notre-Dame de Rys; & ne vivoit plus le 8 Avril 1533. Anne d'Urfé fa premiére femme mourut au mois de Novembre (*f*) 1510. Il époufa en fecondes noces (*g*) Marguerite DE LA GRANGE qui dans un acte du 22 Mars 1539 (1540) eft qualifiée Dame de Chaflus & du Boftz, alors remariée avec Jean le Groing Ecuyer, Seigneur de Réculat ou d'Herculat & de Villebouche. Cette feconde femme vivoit encore le 14 Septembre 1545.

Premier lit.

11. ANTOINE Boulier aliàs du Chariol, Chevalier, Baron d'Aurouze, de Thiniéres & d'Alleret, Seigneur du Chariol & de Camptoing, qualifié *puiffant Seigneur* dans le partage qu'il fit le 14 Septembre 1545 avec Gafpard Boulier fon frére de la fucceffion de leurs pére & mére, eut par ce partage la Seigneurie du Chariol & les Baronnies de Thiniéres, d'Aurouze & d'Alleret, non compris la Seigneurie de Camptoing dont Demoifelle Jeanne Boulier fa fœur veuve de Pierre de Sermur Seigneur de la Befferette jouiffoit à raifon de fon mariage, & qui étoit un démembrement de Thiniéres : cet acte porte que Gafpard fon frére avoit fouftrait un contrat par lequel *la Seigneurie du Chariol, l'un des plus beaux membres de leur fucceffion paternelle, étoit fubftituée au premier mafle de leur Maifon & aux mafles defcendans du premier mafle.* Il avoit époufé en premiéres noces Dame Catherine D'ESTAING (*h*) veuve (*i*) de Jean de Cardaillac Baron de la Capelle, Gouverneur de Bayonne, Commandant l'Artillerie au voyage de Fontarabie fous l'Amiral de Bonnivet, fille de Guillaume dit Guillot d'Eftaing Chevalier, Seigneur de Murol, de Lugarde & de Valentine, Baron d'Eftaing, de Landorre & de Salmiech, Vicomte de Cadars & de Cheilane, Gouverneur du Pays de Bedéne, Capitaine des Places & Châteaux de la Guyole & de Cabrefpine en Rouergue, & de Dame Anne d'Efparron;

(*a*) Preuves, page xxvij. N.º XXIV.   (*b*) Preuves, page xxx. N.º XXVI.

(*c*) Preuves, page xxxij. N.º XXVII.

(*d*) Manufcrits de feu M.ʳ du Fourny Auditeur des Comptes, qui cite la 80.ᵉ liaffe des Titres de Bourbon.

(*e*) Preuves, page xxxiij. N.º XXVIII.   (*f*) Preuves, pages xxx & xxxj. N.º XXVI.

(*g*) Preuves, page xxxvj. N.º XXXI.

(*h*) Mémoires fur la Maifon d'Eftaing.   (*i*) Mémoires fur la Maifon de Cardaillac.

& se remaria par contrat du 8 Octobre 1534 avec Demoiselle Jeanne (a) DE JOYEUSE (b) âgée pour lors de 15 ans, fille » de feu de bonne » mémoire hault & puiffant Seigneur Meffire Charles de Joyeufe en » fon vivant Chevalier, Vifcompte dudit Joyeufe, « & de Dame Françoife de Meüillon ; dans lequel contrat, où la future époufe eft affiftée de Louis de Joyeufe Evêque de S.ᵗ Flour & de Guillaume de Joyeufe Evêque d'Aleth fes oncles & tuteurs, ledit Seigneur du Chariol eft qualifié *haut & puiffant Seigneur Meffire Antoine du Charriol Chevalier, Seigneur dudit lieu, Baron d'Aurouze & de Thiniéres.* Il paroît fous les noms & qualités de *puiffant Seigneur Meffire Antoine de Chariol Chevalier, Seigneur & Baron d'Aurouze, de Chariol & de Thiniéres,* dans un acte du 27 Juillet 1537 ; vendit le 23 Juillet 1552 à noble homme Jean Poulier le jeune, ftipulant tant pour lui que pour autre Jean Poulier fon frére, la Seigneurie d'Alleret ; eft appellé dans cet acte *puiffant Seigneur Meffire Antoine Boulier Chevalier, Seigneur & Baron d'Auroze, le Chariot & Thiniéres ;* & mourut peu avant le 4 Avril 1555, jour où Jeanne de Joyeufe fa veuve fut chargée de la tutelle de fes enfans au nom defquels elle intenta un procès à noble Antoine l'Hermitte-de la Faye & à Chriftophe de Callard Chevalier, Seigneur de Freffonnet, au fujet de la propriété de la Terre & Seigneurie de la Faye qu'elle prétendoit appartenir à fes mineurs : prétention dont elle fut déboutée par Sentence du Sénéchal d'Auvergne du mois de Janvier 1558 (1559) confirmée par Arrêt du Parlement du 27 Juillet 1560. Il eft prouvé par un autre Arrêt du Parlement du 28 Avril 1558, où elle eft dite *vefve de feu Meffire Anthoine Boulhier Chevalier, Seigneur & Baron du Chariol & Aurouze,* qu'elle avoit alors de fon mariage les enfans cy-après.

12. JAQUES Boulier aliàs du Chariol, Ecuyer, Seigneur & Baron d'Aurouze & du Chariol, eut de Gilberte BARTHON-DE MASSENON fa femme qu'il époufa avant le 1.ᵉʳ Avril 1571, fille de Jean Barthon Ecuyer, Seigneur de Maffenon, de la Roche-Nozil & de Peyrat, & de Jeanne de Puychal, un fils qui fuit.

13. FRANÇOIS Boulier Baron d'Aurouze époufa Demoifelle Rofe ROBERT-DE LIGNERAC, fille de François Robert Chevalier, Seigneur de Lignerac, Chevalier de l'Ordre du Roy, Capitaine de cinquante Hommes d'Armes de fes

(a) Il eft intéreffant de rectifier à l'occafion de cette alliance une erreur qui fe trouve dans l'Hiftoire des Grands Officiers de la Couronne à l'article de la Maifon de Joyeufe, Volume III. page 838, laquelle erreur eft répétée à l'article de la Maifon d'Urfé, Volume VIII de la même Hiftoire, page 499 où on renvoye au fufdit Volume III. On y lit que » Jeanne de Joyeufe époufa Gafpard d'Urfé Baron d'Aurofe, » 2.ᵉ fils de Jean d'Urfé dit Paillart, Baron d'Aurofe, & d'Ifabeau de Langheac. « Ce fait n'a pu être établi dans cet ouvrage que fur des mémoires infidéles, étant prouvé inconteftablement que cette Jeanne de Joyeufe fut mariée par contrat du 8 Octobre 1534 (alors âgée de 15 ans) avec *haut & puiffant Seigneur Meffire Antoine du Charriol Chevalier, Seigneur dudit lieu, Baron d'Aurouze & de Thiniéres :* le contrat de ce mariage a été produit en bonne & düe forme. Gafpard d'Urfé étoit Baron d'Aurouze du chef d'Ifabeau de Langheac fa mére, & Antoine Boulier-du Chariol fils d'Anne d'Urfé fœur dudit Gafpard devint auffi Baron d'Aurouze du chef de celle-cy. On aura trouvé dans quelques mémoires que Jeanne de Joyeufe étoit *femme du Baron d'Aurouze,* & on lui aura donné mal-à-propos pour mari Gafpard d'Urfé Baron d'Aurouze.

(b) Elle étoit coufine germaine de Guillaume Vicomte de Joyeufe Maréchal de France, mort en 1592, & tante à la mode de Bretagne d'Anne Duc de Joyeufe, Pair & Amiral de France, (qui époufa en 1581 Marguerite de Lorraine fœur de Louife de Lorraine Reine de France femme de Henry III), de François Cardinal Duc de Joyeufe mort en 1615, & d'Henry Duc de Joyeufe Pair & Maréchal de France, fi connu fous le nom de *Pére Ange,* mort en 1608.

Ordonnances, Capitaine des Gardes de la Reine Elisabeth d'Autriche, Bailly & Lieutenant Général du Haut Pays d'Auvergne, & Gouverneur d'Aurillac, & de Catherine d'Hautefort. De ce mariage il n'eut qu'une (a) fille,

14. N... Boulier femme de N... D'ALÉGRE (b).

12. JEAN Boulier Ecuyer.
12. JAQUES Boulier Ecuyer.
12. ANTOINE Boulier Ecuyer.
12. FRANÇOIS Boulier Ecuyer.
12. GASPARD Boulier Ecuyer.
12. JEAN Boulier Ecuyer.

nommés tous en cet ordre dans l'Arrêt du Parlement du 28 Avril 1558 qu'on vient de citer, ainsi que Françoise, Anne & Jeanne Boulier, leurs sœurs.

12. FRANÇOISE Boulier fut mariée par contrat du 3 Janvier 1559 (1560) avec Guy DE LA ROCHEBRIAND Ecuyer, Seigneur de la Rochebriand.

12. ANNE Boulier.
12. JEANNE Boulier.

11. GASPARD Boulier aliàs du Chariol continua la descendance.

11. JEAN Boulier aliàs du Chariol étoit Protonotaire du S.t Siége Apostolique le 26 Juillet (c) 1539 & l'étoit encore le 14 Septembre 1545; est qualifié Chanoine de l'Eglise Collégiale de S.t Geneix de Thiers & Curé de S.t Remy & de Montvandre dans le second contrat de mariage de Gaspard son frére auquel il fut présent le 21 Août 1548; & indépendanment de cette qualité de Chanoine prenoit encore celle de Chantre de la même Eglise de Thiers le 4 Avril 1555.

11. GUILLEMETTE Boulier étoit Religieuse le 26 Juillet (d) 1539.

11. CLAUDE Boulier aliàs du Chariol est qualifiée *noble Damoizelle Damoizelle* dans une donation que son pére lui fit le 26 Janvier (e) 1514 (1515) étant alors à la veille de se faire Religieuse au *Moneftére de Nonains de Sainct Préjet, au Diocése de Sainct Flour.* Il est fait mention d'elle dans l'Arrêt du Parlement de Paris du 26 Juillet (f) 1539.

11. MARGUERITE Boulier étoit aussi Religieuse le 26 Juillet (g) 1539.

11. JEANNE Boulier aliàs du Chariol époufa par contrat du 30 Novembre (h) 1510, passé au Château du Chariol, puissant Seigneur Pierre DE SERMUR Ecuyer, Seigneur de la Bessseréte, de Queyrat & de la Garde, au Diocéze de S.t Flour; & il est dit dans les articles de ce mariage, qui avoient été arrêtés dès le 28 Octobre (i) précédent, que les Seigneur & Dame du Chariol ses pére & mére l'*acouftreroient d'abilhemens fellon l'eftat de la Maifon du Chariol & de la Bessseréte.*

11. ANTOINETTE Boulier aliàs du Chariol fut mariée du vivant de ses pére & mére aux termes de l'Arrêt du Parlement de Paris du 26 Juillet (k) 1539, & étoit le 14 Septembre 1545 veuve de Jean DE TOURNON Seigneur de Châteauneuf.

(a) (b) Mémoires de la Maifon de Boulier.

(c) (d) Preuves, page xxxvj. N.° XXXI.

(e) Preúves, page xxxij. N.° XXVII.

(f) (g) Preuves, page xxxvj. N.° XXXI.

(h) (i) Preuves, page xxx. N.° XXVI.

(k) Preuves, page xxxvj. N.° XXXI.

XIe DÉGRÉ.

GASPARD Boulier 2.º du nom, aliàs du Chariol, Chevalier, Baron d'Aurouze, Seigneur du Chariol, de Rochefort, des Quaires & de la Borie,
transigea avec Antoine son frère le 8 Avril 1533 pour raison de la succession
de Gaspard leur pére ; épousa 1.º par contrat du 31 Janvier 1533 (1534)
Demoiselle Anne DE LA ROCHEBRIAND, fille de Pierre de la Rochebriand
Ecuyer & de Demoiselle Lionne de Comtour ; fut marié en secondes noces
par contrat du 21 Août 1548 avec Demoiselle Marie DE LÉRIN dite de la
Borie, fille de noble homme Eymard de Lérin Ecuyer, Seigneur de la Borie
& des Quaires, & de Demoiselle Gabrielle de Bénaud ; paroît dans différens
actes des 27 Avril 1551, 4 Avril 1555, 30 Septembre 1564, 21 Octobre
1565, & 21 Juillet 1570 ; & mourut avant le 5 May 1584. Marie de Lérin
sa veuve ne vivoit plus le 12 Août 1594.

Second lit.

12. ALEXANDRE de Boulier aliàs du Chariol continua la descendance.

12. AMABLE de Boulier aliàs du Chariol Ecuyer, Seigneur des Quaires,
    partagea le 12 Août 1594 avec Alexandre son frère la succession de
    leurs pére & mére ; eut par ce partage le manoir des Quaires près
    Vic-le Comte ; & épousa par contrat du 7 Juillet 1598 Demoiselle
    Madeléne DU LAC dont on lui connoît un fils cy-après.

    13. GILBERT de Boulier aliàs du Chariol Ecuyer, Seigneur des
    Quaires, de son mariage contracté le 26 Janvier 1631 avec
    Demoiselle Madeléne CHALVET-DE ROCHEMONTEIX,
    fille de Jean Chalvet-de Rochemonteix Ecuyer, Seigneur du
    Caire, des Roussiéres, de Marmier, de Nastrac &c. & de Made-
    léne de Salesses, eut les trois enfans ci-dessous.

        14. AMABLE de Boulier aliàs du Chariol fut maintenu dans
        son ancienne Noblesse ainsi que Gilbert son pére par
        Jugement de Mr de Fortia Intendant d'Auvergne rendu
        le 30 Novembre 1666.

        14. ALEXANDRE de Boulier aliàs du Chariol, Ecuyer.

        14. JEAN de Boulier aliàs du Chariol, Ecuyer.

12. GUY de Boulier aliàs du Chariol est qualifié *noble & puissant Seigneur
    Guy du Chariol Seigneur dudit lieu* dans un acte du 15 Août 1589, par
    lequel il donna la quatriéme partie de ses biens à la Baronne de Blot
    sa sœur : cet acte porte qu'il étoit encore alors mineur de 25 ans. Il
    embrassa depuis l'état Ecclésiastique, fut Chanoine Comte de Brioude,
    & mourut avant le 10 Avril 1611.

12. ANTOINETTE de Boulier aliàs du Chariol étoit veuve le 15 Août 1589
    de puissant Seigneur François DE CHOVIGNY aliàs DE BLOT, Sei-
    gneur & Baron de Blot, & vivoit encore le 11 Août 1622.

XIIe DÉGRÉ.

ALEXANDRE de Boulier (*) aliàs du Chariol, Chevalier, Seigneur du
Chariol, de Montluisant & de Gondolle, épousa par contrat du 17 Janvier

(*) Il signoit *A. du Chariot.*

1617 Demoiselle Jeanne DU PRAT Dame de Gondolle (arriére-petite-niéce du Cardinal du Prat Chancelier de France & veuve de noble Sébastien de Brezons Seigneur de Neyrebrousse), fille de noble Annet du Prat Ecuyer, Seigneur de Gondolle, & de Demoiselle Madeléne de Mars; fit son testament à Gondolle le 3 Octobre 1636; & ne vivoit plus le 31 Octobre 1639. De son mariage il eut les enfans qui suivent.

13. AMABLE de Boulier aliàs du Chariol continua la filiation.

13. GILBERT de Boulier aliàs du Chariol Ecuyer, légataire de son pére en 1636 pour la somme de 10000 livres.

13. CHRISTOPHE-ALEXANDRE de Boulier aliàs du Chariol, né vers l'an 1620, fit ses Preuves de noblesse paternelle & maternelle le 21 May 1637 pour être reçu Chevalier de l'Ordre de S.t Jean de Jérusalem dit de Malte, & fut pourvu le 25 Septembre 1656 de la Commanderie de Courteserre par le Grand-Maître Lascaris, en considération des services distingués qu'il avoit rendus à la Religion en qualité de Capitaine de la Galére de S.t Jean dans la défaite de la Flotte Turque aux Dardanelles où il prit une Mahométierque & plusieurs Etendards & Drapeaux dont la plupart furent déposés dans les Eglises des Commanderies de Limoges & de Salles en Franche-Comté. Il étoit le 3 Décembre 1667 Capitaine du Navire du Roy nommé *la Siréne*, se qualifioit Commandeur du Montcery le 11 Novembre 1668, eut la dignité de Conservateur de son Ordre, & mourut Capitaine de Vaisseaux du Roy, Commandant les Galéres.

13. ALEXANDRE de Boulier aliàs du Chariol Ecuyer, légataire de son pére en 1636 pour la somme de 4000 livres.

13. MARIE-MADELÉNE de Boulier aliàs du Chariol, légataire de son pére en 1636 pour la somme de 10000 livres.

XIII.e DÉGRÉ.

AMABLE de Boulier aliàs du Chariol, Chevalier, Seigneur du Chariol, de Montluisant, de Reillac ou de Rillac, & de la Blanchisse, institué héritier universel de son pére en 1636, épousa par contrat du 1.er Avril 1639 Demoiselle Gilberte DE LA RICHARDIE, fille de Jean de la Richardie Ecuyer, Seigneur de Chéry, de la Blanchisse & du Vernet, Mestre de Camp de Cavalerie, & de Dame Louise de Blanzat, lesquels en faveur de ce mariage donnérent à leur fille la Terre & Seigneurie de la Blanchisse qui avoit Justice haute, moyenne & basse ; fut maintenu dans son ancienne Noblesse par Jugement de M.r Fortia Intendant d'Auvergne, rendu le 30 Novembre 1666; fit Hommage au Roy du Château de la Blanchisse relevant du Duché d'Auvergne; en donna son Dénombrement à S. M. le 10 Août 1669; & ne vivoit plus au mois d'Août 1675, datte d'une quittance de 50 livres donnée à Gilberte de la Richardie sa veuve par le Commis à la recette des deniers provenans des contributions que les Gentilshommes devoient faire pour le service du Ban & Arriére-Ban, & ce pour la part de ses enfans ci-après.

14. CHARLES-LOUIS de Boulier-du Chariol Chevalier, Seigneur de Reillac, vivoit en 1684.

14. CHRISTOPHE de Boulier-du Chariol Chevalier, Seigneur de la Blan-

chiffe, Terre dont fes fréres & fœur lui firent don par acte du 14 Janvier 1684, mourut en Dauphiné Commandant le fecond Bataillon de la Milice d'Auvergne.

14. CHARLES de Boulier-du Chariol Chevalier, Seigneur de la Blanchiffe, eut une jambe emportée à la Bataille de Caffel.

14. ALEXANDRE de Boulier-du Chariol Chevalier, Seigneur de Colanges, mourut Infpecteur & Gouverneur de la Tarantaife.

14. CHRISTOPHE de Boulier-du Chariol Chevalier, Seigneur de Pradal, fut tué fervant dans les Gardes du Corps.

14. FRANÇOIS de Boulier-du Chariol continua la defcendance.

14. MARGUERITE de Boulier-du Chariol vivoit en 1684.

XIV.ᵉ DÉGRÉ.

FRANÇOIS de Boulier-du Chariol Chevalier, Seigneur de Reillac, eft qualifié S.ʳ du Fraiffe & Enfeigne de la Lieutenance Colonelle du Régiment de Conty dans un acte du 14 Janvier 1684; fut fait fucceffivement Capitaine de Grenadiers dans le Régiment de Vexin le 23 Mars 1704, Commandant du fecond Bataillon de ce Régiment le 24 Juillet 1708, Commandant du pofte du baftion d'Antouin à Tournay le 1.ᵉʳ Juillet 1709, Lieutenant Colonel du même Régiment, & enfin Chevalier de l'Ordre Royal & Militaire de S.ᵗ Louis; fe retira du fervice après trente-deux ans de Commiffion de Capitaine; obtint du feu Roy 600 livres de penfion; & avoit eu la cuiffe caffée au Siége de Tournay. De fon mariage accordé par contrat du 2 Janvier 1702 avec Demoifelle Marie-Louife DE SONNAVILLE, fille de noble François-Pierre de Sonnaville Receveur Général du Pays de Gueldres & de Dame Bernardine Ternée, il eut les enfans qui fuivent.

15. JEAN-GASTON de Boulier-du Chariol continüe la defcendance.

15. LOUISE-MARGUERITE de Boulier-du Chariol eft morte fans avoir été mariée.

15. MARIE-ANNE de Boulier-du Chariol.

15. GASPARDE-MADELÉNE de Boulier-du Chariol Prieure perpétuelle de Champchanoux en Bourgogne.

15. GABRIELLE-MARGUERITE de Boulier-du Chariol Abbeffe de Notre-Dame de Meaux depuis 1761.

XV.ᵉ DÉGRÉ.

JEAN-GASTON de Boulier-du Chariol Chevalier, Seigneur du Cluzel & d'Autherive, reçu dans la Compagnie des Cadets Gentilshommes de Metz le 1.ᵉʳ Janvier 1727, fut fait Capitaine au Régiment de Médoc le 16 Janvier 1744 & Chevalier de l'Ordre Royal & Militaire de S.ᵗ Louis le 3 Mars 1747. Il a eu de fon mariage accordé par contrat du 18 Mars 1745 avec Demoifelle Louife DE GUILLAUMANCHE-DU BOSCAGE, fille de Jofeph de Guillaumanche Ecuyer, Seigneur du Bofcage, & de Dame Gafparde de Téraule, les enfans qui fuivent.

XVI.ᵉ DÉGRÉ.

1. CHRISTOPHE de Boulier fert depuis 1768 dans la Compagnie des Gentilshommes Gardes de la Marine du Département de Breft, & eft depuis 1774 Sous-Lieutenant des Carabiniers.

2. MARIE-MADELÉNE de Boulier eſt née le 13 Janvier 1748 & a été mariée au mois d'Octobre 1771 avec N.... MACHECO-DE PRÉMEAUX Préſident à Mortier au Parlement de Dijon.

SECONDE BRANCHE.

IX.ᵉ DÉGRÉ.

ANTOINE Boulier I.ᵉʳ du nom, dit du Chariol, Ecuyer, Seigneur Châtelain de Coulanges & du Vialard, Capitaine d'Uſſon, (fils puîné de Guillaume Boulier Seigneur du Chariol auteur du VIII.ᵉ Dégré de la Branche aînée & d'Ahélis de Méſet) qualifié *noble & puiſſant homme* dans l'acte de donation que noble & puiſſante Dame Dame ladite Ahélis de Méſet ſa mére lui fit le 1.ᵉʳ Septembre (*a*) 1477 de ſon Château de Coulanges en Auvergne, paroît dans pluſieurs autres actes des 3 Août (*b*) & 16 Novembre (*c*) 1492, 3 Janvier (*d*) 1493 (1494), 28 Juin (*e*) 1498, 11 Octobre (*f*) 1514, & 23 Juillet (*g*) 1515. De ſon mariage avec Demoiſelle Agnès DE CRESTES, qui vivoit encore le 3 Juillet (*h*) 1523 date d'un acte où elle eſt dite fille de feu Meſſire Jean de Creſtes Chevalier, il eut les enfans qui ſuivent.

10. JAQUES du Chariol Chevalier épouſa par contrat du 13 Fevrier 1505 Demoiſelle Marguerite DE CHATEAUNEUF; en faveur duquel mariage Antoine du Chariol ſon pére confirma la donation qu'il lui avoit faite dès le 10 Septembre 1502 de la Seigneurie & Chatellenie du Vialard, *afin qu'il peuſt mieulx & plus honnorablement ſupporter & entretenir les charges du dit mariage & de Chevallerie,* & lui fit don en outre de la Seigneurie & Chatellenie de Coulanges : voulant toutesfois qu'au cas que ledit Jaques n'eût que des filles leſdites Seigneuries retournâſſent à Antoine ſon frére, & en cas de mort aux enfans mâles de celui-cy. Il paroît par le temps où il vivoit qu'il fut fait Chevalier de l'Ordre de S.ᵗ Michel ſous le Régne de François I.ᵉʳ la qualité de *Chevalier de l'Ordre du Roy* lui étant donnée longtemps après ſa mort par les témoins qui dépoſérent (*i*) dans un Procès-verbal des Preuves de Nobleſſe de Claude de la Salle l'un de ſes deſcendans, préſenté pour être reçu dans l'Ordre de Malte au Grand Prieuré d'Auvergne. On lui connoît une fille qui ſuit.

11. CATHERINE du Chariol Dame du Vialard fut mariée avec noble Charles DE ROCHEBARON Seigneur de la Garde & des Grézes.

10. ANTOINE du Chariol continua la deſcendance.

10. JEAN du Chariol eſt qualifié *Religieux Commandeur de Sainct Anthoine* dans un acte du 11 Octobre (*k*) 1514; comparut le 4 Avril (*l*) 1526 au teſtament d'Antoine ſon frére ſous les noms & qualités de *noble & vénérable perſonne Frére Jehan du Chariol Commandeur de Billon, Archi-*

(*a*) Preuves, page xviij. N.° XVI.

(*c*) Preuves, page xx. N.° XIX.

(*e*) Preuves, page xxviij. N.° XXV.

(*g*) Preuves, page xxiij. N.° XXI.

(*i*) Le 19 Mai 1597.

(*l*) Preuves, page xxxv. N.° XXX.

(*b*) Preuves, page xix. N.° XVIII.

(*d*) Preuves, page xxiij. N.° XXII.

(*f*) Preuves, page xx. N.° XX.

(*h*) Preuves, page xxxiij. N.° XXIX.

(*k*) Preuves, page xx. N.° XX.

prebtre de Sauxillanges & Curé de Coullanges ; eſt appellé *noble & religieuſe perſonne Frére Jehan du Chariot Commandeur de l'Ordre de S.ᵗ Antoine* dans un autre acte du 30 Novembre 1541; & vivoit encore le 10 Fevrier 1548 (1549) jour où il aſſiſta au contrat de mariage d'Antoine du Chariol ſon neveu, dans lequel il eſt ſimplement nommé *noble & vénérable homme Frére Jehan du Chariol.*

10. ANTOINETTE du Chariol épouſa par contrat du 23 Octobre 1498 noble Claude DE CHAVAGNAC Seigneur de Chavagnac & de Biers.

10. JEANNE du Chariol fut Religieuſe à Eſteil.

10. ANNE du Chariol.

GUILLAUME du Chariol fut préſent le 4 Avril (*a*) 1526 au teſtament d'Antoine du Chariol cy-après ſous les noms & qualités de *noble & relligieuſe perſonne Frére Guilhaume du Chariol Prieur de Sainct Julhen.*

X.ᵉ DÉGRÉ.

ANTOINE du Chariol 2.ᵉ du nom, Seigneur Châtelain de Coulanges & du Vialard, fut reçu Chanoine de Brioude avant le 25 Juin (*b*) 1513, & l'étoit encore le 11 Octobre (*c*) 1514, jour auquel Jaques du Chariol ſon frére lui fit ceſſion, ainſi qu'à Anne du Chariol ſa ſœur, pour leur droit de légitime, de la Seigneurie du Vialard, du conſentement d'Antoine du Chariol leur pére, ſauf à ce dernier la reſerve de l'uſufruit ; épouſa noble Anne DE ROCHEFORT Dame du Crochart vers le 3 Juillet (*d*) 1523, date d'une diſpenſe de parenté qu'il obtint pour contracter ce mariage, où il eſt dit qu'il étoit âgé d'environ trente ans, que ladite Anne de Rochefort en avoit vingt-deux, qu'ils étoient parents au quatriéme dégré, & qu'elle étoit fille de noble Pierre de Rochefort Seigneur de Rochefort & de Seghaliéres, & d'Iſabelle de Rochefort aliàs d'Ailly ; fit ſon teſtament le 4 Avril (*e*) 1526, par lequel il voulut être enterré dans la Chapelle de Notre-Dame en l'Egliſe Paroiſſiale de Coulanges *où eſt* (dit-il) *la ſépulture des Seigneurs du dict Collanges & autres de leur Maiſon;* & mourut avant le 30 Novembre 1541. Anne de Rochefort ſa veuve vivoit encore le 10 Mars (*f*) 1549 (1550), date d'un acte où il eſt dit qu'elle étoit *deſcendüe du couſté paternel de la Maiſon & Seigneurie de Rocheſſort & du couſté maternel de la Maiſon & Seigneurie d'Aly.* Ils eurent quatre enfans, qui ſuivent.

11. ANTOINE du Chariol continua la deſcendance.

11. JEAN du Chariol n'étoit pas encore né le 4 Avril (*g*) 1526, date du teſtament de ſon pére qui y légue la ſomme de 2500 livres tournois au poſthume qui naîtroit d'Anne de Rochefort ſa femme. On a ſur ce Jean un acte intéreſſant, du 10 Mars (*h*) 1549 (1550), dont voici la teneur : » A tous ceulx qui ces préſentes verront, Germain » Charenton Chaſtellain & Juge ordinnaire de la Chaſtellenie & Sei-» gneurie de Colanges pour *noble Anthoine du Chariol Seigneur dudict*

___

(*a*) Preuves, page xxxv. N.º XXX.

(*b*) Cet acte eſt énoncé dans un autre du 11 Octobre 1514. Voyez les Preuves, page xx. N.º XX.

(*c*) Preuves, page xx. N.º XX. (*d*) Preuves, page xxxiij. N.º XXIX.

(*e*) Preuves, page xxxv. N.º XXX. (*f*) Preuves, page xxxvj. N.º XXXII.

(*g*) Preuves, page xxxv. N.º XXX. (*h*) Preuves, page xxxvj. N.º XXXII.

» *Colonges & du Vialard*, falut. Sçavoir faifons que ce jourduy judi-
» ciellement pardevant nous tenant la Court & affize des caufes de
» la dicte Seigneurie du dict Colonges fe eft préfenté en fa perfonne
» *noble Jehan du Chariol* natifz & domicillié dud. Colonges, lequel
» nous a dit & requis que pour certains actes & affaires qu'il avoit
» & principallement pour le faict du dégré de fes nominations, *fuy-*
» *vant le feing, concordat & prévilége donné aux Nobles*, luy eft befoing
» & néceffaire faire apparoir pardevant nous *par manière d'atteftation*
» *de fa Nobleffe* & s'en ayder de l'acte pardevant Meffieurs de l'Uny-
» verffité de Thoulouze & autres perfonnaiges & Juges, *comme def-*
» *cendu de noble lignée, affçavoir de feu noble Anthoine du Chariol en*
» *fon vyvant Seigneur defdictes Seigneuries de Colonges & du Vialard,*
» *& de Dame Anna de Rocheffort mariés conjoinctement; & icelluy feu*
» *Anthoine du Chariol fuft filz légitime de feu noble autre Anthoine du*
» *Chariol en fon vyvant Seigneur des dictes Seigneuries & Cappitayne*
» *pour le Roy noftre Sire du Chafteau d'Uffom en Auvergnie, & de feüe*
» *Damoyzelle de Creftes; & la dicte Dame mére du dict expofant eft*
» *defcendüe du coufté paternel de la Maifon & Seigneurie de Rocheffort,*
» *& du coufté maternel de la Maifon & Seigneurie d'Aly; eftans nobles*
» *& defcendus de noble lignée & d'ancienneté, ont vefcu en l'eftat de*
» *Nobleffe fans avoir faict cas ne acte defrogeant à Nobleffe.* Et pour en
» faire apparoir nous a produict à tefmoingtz nobles *François Chany*
» *Seigneur de la Seigneurye de Leyetz*, eatgé de quatre-vingtz ans,
» *Anthoine de Galeys Efcuyer*, demeurant à Sainct Germain-Lembron,
» eatgé de foixante-cinq ans, « (fuivent les noms de quatre autres
témoins). » Et après lefd. témoingtz..... nous ont dict & rappourté
» concordablement & féparéement l'ung après l'autre cognoiftre *led.*
» *noble Jehan du Chariol* expoufant pour l'avoir vu & enté fouvant,
» *lequel eft noble & a efté né & baptizé en ladicte Paroiffe (de Colonges),*
» *& defcendu légitimement*, tel tenu & repputé en ladicte Seigneurye
» & Perroiffe dudict Colonges & autres lieulx de l'envyron, *defd. feu*
» *noble Anthoine du Chariol en fon vyvant Seig.' defd. Seigneuries dud.*
» *Colonges & du Vyallard & de ladicte Dame Anna de Rocheffort vefve*
» *dud. feu Seigneur de Colonges; lequel dict feu Anthoine pére dudict*
» *expoufant fuft filz légitime de feu noble Anthoine du Chariol en fon*
» *vyvant Seig.' defd. Seigneuryes, & Cappitaine dud. Chafteau d'Uffon,*
» *& de ladicte Damoyzelle Annès de Creftes; lefquieulx dictz ayeul & ayeulle*
» *dudict expoufant eftoyent nobles, vyvans noblement,* que lefd. tef-
» moings ont veu & enté fouvant ; auffi ont dict que *les pére & mére*
» *dud. expoufant font nobles & vefcu noblement* fans avoir faict cas
» derrougant à Nobleffe, comme ils ont veu & ouy dire pour notoire;
» auffi ont dict que *les prédéceffeurs defdictz pére & mére dudict expou-*
» *fant en leurs vivans eftoyent nobles,* quy n'ont fait cas derrogant
» à Nobleffe qu'ilz ayent veu ne ouy dire en ce Pays d'Auvergne où
» ilz ont faict leur demeure ne alhieurs, mais *font tenus & réputés*
» *nobles, uzans & jouyffants des droictz de Nobleffe,* comme ilz ont
» veu & ouy dire & tenir pour notoire. Et ce qu'ilz ont dict & dep-
» poufé ont dict & rappourté eftre véritable en noftre préfence.....
» Et ledict expofant de ce que deffus nous en a requis acte pour

» luy valloir & fervir en temps & lieu, que luy avons octroyé, figné
» & fcellé. Ces préfentes faictes & données aud. Colonges tenant
» lad. Cour le lundy dixiéme Mars l'an mil cinq cents quarante-neuf. «
(*Signé*) » Charenton Juge dud. Colanges, Apchon Procureur dud.
» Colanges préfent, « (&) » Apchon Greffier de Collanges. «

11. Isabeau du Chariol rappellée dans le teftament de fon pére du 4
Avril (*a*) 1526, étoit mariée le 30 Novembre 1541 avec noble
homme Jean DE S.ᵀ HAOND Ecuyer, Seigneur dudit lieu, lequel
du confentement de noble & puiffant Seigneur Claude de Beaune
Seigneur de Beaune, oncle dudit Seig.ʳ de S.ᵗ Haond, donna ce jour là
quittance à Dame Anne de Rochefort mére de ladite Ifabeau de la
fomme de 1500 livres à compte de la dot de celle-cy.

11. Jeanne du Chariol dite de Coulanges époufa par contrat du 8 Juillet
1548 noble Charles DE CHASLUS Ecuyer, Seigneur de Roche-
cherles.

XI.ᵉ DÉGRÉ.

Antoine du Chariol III.ᵉ du nom, Ecuyer, Seigneur Châtelain de Coulanges & du Vialard, & Seigneur de Couzance en Auvergne, inftitué héritier univerfel par le teftament de fon pére du 4 Avril (*b*) 1526, époufa
Demoifelle Catherine DE CHALON, fille de noble Pierre de Châlon Ecuyer
& de Marquife Gualande, Seigneurs & Barons de Romeguos, des Graiffes,
de Vabre & de la Cafe, par contrat du 10 Fevrier 1548 (1549) où il fut
ftipulé que dans le cas qu'il ne vînt que des filles de ce mariage l'aînée auroit
le Château de Coulanges & feroit tenüe de porter *le nom & les Armes de la
Seigneurie de Coulanges*, & que quant aux autres filles elles feroient mariées
felon l'eftat de leur Maifon; comparut comme parent des enfans mineurs
d'Antoine du Chariol Baron d'Aurouze & de Jeanne de Joyeufe dans leur
acte de tutelle du 4 Avril 1555; vivoit encore le 17 Novembre 1590;
mourut avant le 25 Fevrier 1596; & eut de fon mariage au moins trois
enfans qui fuivent.

12. Pierre du Chariol continüe la defcendance.
12. Antoine du Chariol eft auteur d'une 3.ᵉ Branche.
12. Jaques du Chariol S.ʳ de Couzance & en partie de Coulanges fit
une tranfaction le 14 Mai 1601 avec Pierre fon frére.

Jeanne du Chariol étoit mariée le 3 Mars 1593 avec noble homme
Jonas DE DIGUONS dit de Tronffan, Seigneur de la Salle, demeurant
au lieu d'Anthoing en Auvergne. On la croit fœur des précédents.

Marie du Chariol époufa par contrat du 26 Fevrier 1601 noble
Charles DE LONGUA Ecuyer, S.ʳ de Térout, & mourut avant le 10
Fevrier 1627. On la croit auffi fœur de Pierre cy-après.

XII.ᵉ DÉGRÉ.

Pierre du Chariol IV.ᵉ du nom, Ecuyer, Seigneur Châtelain de Cou-
langes, & Seigneur de Couzance, domaine dont fon pére lui fit don le 4
Septembre 1580, époufa par contrat du 12 Juin 1594 Demoifelle Marie
DE DIGONS, fille de noble Henry de Digons & de Demoifelle Louife

(*a*) (*b*) Preuves, page xxxv. N.º XXX.

de Terriat dite de Chapes; la laiſſa veuve avant le 8 Janvier 1621; & en eut pluſieurs (a) enfans, dont on ne connoît que PIERRE qui ſuit.

X I I I.ᵉ D É G R É.

PIERRE de Boulier aliàs du Chariol V.ᵉ du nom, Ecuyer, Seigneur Châtelain de Coulanges, & Seigneur du Fief de Trouſſay ou Tronſay, qui lui échut du chef de Marie de Digons ſa mére, fut marié par contrat du 8 Janvier 1621 avec Demoiſelle Marguerite FRANÇOIS-DES GRÉZES, fille de noble Claude François-des Grézes Ecuyer, Seigneur des Grézes, & de Demoiſelle Michelle de Faugiéres ſa veuve; en étoit veuf le 8 Novembre 1667; & en avoit eu les quatre enfans qui ſuivent.

14. SAMSON de Boulier aliàs du Chariol Ecuyer.
14. PIERRE de Boulier aliàs du Chariol continua la deſcendance.
14. MARIE de Boulier aliàs du Chariol.
14. ANTOINETTE de Boulier aliàs du Chariol.

X I V.ᵉ D É G R É.

PIERRE de Boulier aliàs du Chariol VI.ᵉ du nom, Seigneur de Tronſay, fut maintenu dans ſon ancienne Nobleſſe, ainſi que Samſon ſon frére & Pierre leur pére, par Jugement de M.ʳ de Fortia Intendant d'Auvergne rendu le 9 Novembre 1666; épouſa par contrat du 8 Novembre 1667 Demoiſelle Marie DES ROZIERS veuve de Joſeph de Montſervier Ecuyer, S.ʳ dudit lieu; & fit Hommage au Duc d'Orléans le 8 Août 1698 de ſon Fief de Tronſay. On ne lui connoît de ſon mariage qu'un fils qui ſuit.

X V.ᵉ D É G R É.

SÉBASTIEN de Boulier aliàs du Chariol, Seigneur de Tronſay, marié par contrat du 3 Fevrier 1715 avec Demoiſelle Françoiſe DE FOUGIÉRES ou DE FOUGÉRES, fille de Jean de Fougiéres Ecuyer, S.ʳ dudit lieu, eut de ce mariage deux enfans, qui ſuivent.

16. JOSEPH de Boulier a continué la deſcendance.
16. ANTOINE de Boulier Seigneur de Tronſay, ancien Capitaine du Bataillon de Milice de Brioude, a épouſé le 31 May 1762 Marie-Elizabeth BESSAL de la Ville de Landau en Alſace.

X V I.ᵉ D É G R É.

JOSEPH de Boulier Seigneur de Tronſay a épouſé 1.º Demoiſelle Jeanne DU CROIZET & 2.º le 2 Mars 1756 Demoiſelle Marie-Madeléne CHALVET-DE ROCHEMONTEIX, fille de Claude Chalvet-de Rochemonteix Seigneur de Naſtrac & de Dame Marie de Léautoing. De ce ſecond mariage il a les quatre enfans cy-après.

(a) Prouvé par le contrat de mariage de noble Jean des Roziers Seigneur de Montcelets, accordé le 10 Fevrier 1627 avec Marie de Longua, fille de Charles de Longua Ecuyer, S.ʳ de Térout, & de feüe Demoiſelle Marie du Chariol; dans lequel contrat il eſt fait mention d'une ſomme de 1200 liv. que ledit S.ʳ de Térout donna entre autres biens à ſa fille, à prendre ſur *noble Pierre du Chariol Seigneur de Colanges & ſes fréres & ſœurs, enfans & héritiers de noble Pierre du Chariol vivant Ecuyer, Sieur dudit lieu de Colanges.*

XVIIe DÉGRÉ.

1. CLAUDE de Boulier né en Décembre 1756.
2. JEAN-BAPTISTE de Boulier né en Juin 1759.
3. DURAND de Boulier né le 26 Janvier 1761.
4. MARGUERITE-LOUISE de Boulier née en Juin 1762.

TROISIÉME BRANCHE.

XIIe DÉGRÉ.

ANTOINE du Chariol IVe du nom, Ecuyer, Seigneur de St Géron & de Bourdelles, (2.e fils d'Antoine du Chariol Seigneur de Coulanges, auteur du XIe Dégré de la seconde Branche, & de Catherine de Châlon) épousa par contrat du 17 Novembre 1590 Demoiselle Claude DE S.^T GÉRON ou DE S.^T GIRON morte avant le 24 Septembre 1623, fille de noble Michel de St Géron & de Demoiselle Louise de Rochefort ; & ne vivoit plus le 19 May 1637. On lui connoît les enfans qui suivent.

13. JAQUES du Chariol continua la descendance.
13. PIERRE du Chariol Ecuyer, Sr de St Géron, vivoit le 19 May 1637.
13. CHARLES du Chariol Ecuyer mourut avant le 19 May 1637.
13. MARIE du Chariol mourut entre les années 1623 & 1627.

XIIIe DÉGRÉ.

JAQUES du Chariol aliàs de Boulier-du Chariol, Ecuyer, Seigneur de St Géron, de Salles, du Chariol (a), de Balsat, de Rioux-Martin, & de Combedunin, servit dans les Armées du Roi, & obtint des certificats de ce service ez années 1635, 1636, & 1639; transigea le 19 Mai 1637 avec Pierre du Chariol-de St Géron son frére à raison des successions qui leur étoient échües par la mort de Claude de St Géron leur mére, de Charles & de Marie du Chariol, leurs frére & sœur ; est appellé *Jaques du Boulier-du Chériol* dans un acte du 27 Septembre 1656 ; fit son testament le 8 Fevrier 1660 étant alors veuf, par lequel il choisit sa sépulture dans la Chapelle qu'il avoit en l'Eglise Paroissiale de la Vaudieu ; & mourut peu avant le 1.er Fevrier 1661. De son mariage accordé par contrat du 10 Fevrier 1630 avec Demoiselle Charlotte DE BORDELLES dite DES CHARRIOLS, fille de noble Charles de Bordelles-du Pouget Ecuyer, S.^r des Charriols, & de Demoiselle Anne de Villatte sa veuve, il eut les enfans cy-après.

14. ANTOINE de Boulier-du Chariol continua la descendance.
14. JEAN de Boulier-du Chariol Ecuyer, Seigneur du Chariol, eut la maison noble du Chariol par le partage qu'il fit le 1.er Fevrier 1661 avec Antoine son frére des biens de Jaques du Chariol leur pére ; est dit dans un acte du 25 Avril 1662 héritier testamentaire, conjointement avec le même Antoine son frére, de Jean de Bordelles-du Chariol leur oncle maternel, Chanoine Comte de Brioude ; & fut maintenu

---

(a) Cette Terre *du Chariol*, dont le nom est aussi écrit dans les titres *du Charriol, des Charriols, des Charrioux & du Charriolt*, lui vint du chef de Charlotte de Bordelles sa femme.

dans fon ancienne Nobleffe, ainfi que fes quatre fréres, par Jugement de M.ʳ de Fortia Intendant d'Auvergne rendu le 9 Novembre 1666.

14. Jaques de Boulier-du Chariol Chanoine Comte de Brioude fe démit de fa prébende le 12 Juillet 1663 en faveur de Louis fon frére ; eft qualifié *Ecuyer, S.ʳ de Villeneufve*, dans le Jugement de Nobleffe cité cy-deffus du 9 Novembre 1666 ; & avoit époufé par contrat du 12 Octobre précédent Demoifelle Catherine CHASTANG, fille de Jean Chaftang & de Demoifelle Marguerite Sarrazin. De ce mariage on lui connoît une fille qui fuit.

15. Marguerite de Boulier-de Villeneuve batifée le 18 Mars 1679 fut reçüe dans la Maifon Royale de S.ᵗ Louis à S.ᵗ Cyr en conféquence des Preuves de fa Nobleffe certifiées au Roi le 29 Octobre 1687 par Charles D'Hozier Juge d'Armes de France & Chevalier de l'Ordre de Saint Maurice de Savoye.

14. Pierre de Boulier-du Chariol appellé *le Chevalier de S.ᵗ Géron*, né vers l'an 1638, vivoit encore le 9 Novembre 1666.

14. Louis de Boulier-du Chariol fut reçu Chanoine Comte de Brioude le 16 Fevrier 1664 fur la démiffion de Jaques fon frére en 1663.

14. Françoise de Boulier-du Chariol Religieufe au Monaftére Noble de la Vaudieu.

14. N.... de Boulier-du Chariol auffi Religieufe.

X I V.ᵉ D É G R É.

Antoine de Boulier-du Chariol V.ᵉ du nom, Chevalier, Baron d'Alleret, Seigneur de S.ᵗ Géron, de Vidiéres, & du Chariol, eut entre autres biens par le teftament de fon pére en 1660 le Château du Chariol qui échut depuis en partage le premier Fevrier 1661 à Jean fon frére. Le même partage lui adjugea le Château Noble de S.ᵗ Géron. Il fut maintenu dans fon ancienne Nobleffe par Jugement de M.ʳ de Fortia Intendant d'Auvergne rendu le 9 Novembre 1666 ; fit Hommage au Roi le 21 Juin 1669 des Terres & Seigneuries du Chariol, de S.ᵗ Géron & d'Alleret ; en donna fon Aveu & Dénombrement le 17 Août fuivant ; époufa 1.° Demoifelle Charlotte de PONTEAUX & 2.° par contrat du 22 Fevrier 1694 Demoifelle Madeléne de MOTIER-de la FAYETTE-de CHAMPESTIÉRES, fille de Charles de Motier-de la Fayette-de Champeftiéres Chevalier, Seigneur & Baron de Wiffac, & Seigneur de Vidiéres, & de Dame Marie de Pons-de la Grange ; fit fon teftament le 4 Novembre 1701, par lequel il choifit fa fépulture dans fa Chapelle & Paroiffe de S.ᵗ Géron, au tombeau de fes prédéceffeurs ; & mourut à la fin de Janvier 1702.

Second lit.

15. Guillaume-Antoine de Boulier ou de Bouillé-(*a*) du Chariol a continué la defcendance.

15. Nicolas de Boulier ou de Bouillé-(*b*) du Chariol né en 1700, Comte de Lyon en 1722, Doyen de ce Chapitre Noble en 1754, Premier Aumônier du Roi en 1757, facré Evêque d'Autun en 1758, & Confeiller d'Etat en 1761, eft mort en 1767.

(*a*) (*b*) Voyez la note *a* de la page 1.ʳᵉ

X V.ᵉ D É G R É.

Guillaume-Antoine de Boulier ou de Bouillé-(*a*) du Chariol, dit *le Comte de Bouillé* (*b*), Chevalier, Baron d'Alleret, Seigneur de S.ᵗ Géron, du Cluzel, de S.ᵗ Eble, de Vidiéres &c. Capitaine au Régiment de Touraine, naquit en 1699 ; époufa en premiéres noces par contrat du 10 Mars 1725 Démoifelle Marie-Albertine-Jofeph-Amour DE CLAVIÉRES (morte le 19 Septembre 1740), fille de Jean de Claviéres Chevalier, Seigneur & Baron de S.ᵗ Agréve dans le Haut-Vivarais & de Claviéres, & de Dame Marie d'Hamal ; fe remaria en 1745 avec Demoifelle Anne-Marie CHEVALIER-D'ENFRENEL, fille de N..... Chevalier Baron d'Enfrenel & de Demoifelle N..... d'Ailly; fit fon teftament le 24 Novembre 1747, par lequel il choifit fa fépulture dans l'Eglife de S.ᵗ Eble, au tombeau de fes ancêtres ; & mourut en 1748. Anne-Marie Chevalier-d'Enfrenel fa feconde femme s'eft remariée en 1753 avec Jean-Nicolas-Auguftin de Bouchard Comte d'Aubeterre Chevalier, Baron de S.ᵗ Privat.

Premier lit.

16. François-Claude-Amour de Boulier ou de Bouillé-(*c*) du Chariol continue la defcendance.

Second lit.

16. Antoinette-Louise-Nicole de Boulier ou de Bouillé-(*d*) du Chariol, née en 1747, a époufé par contrat du 3 Fevrier 1768 Maximilien dit le Comte DE BOSREDON, fils de Gabriel-Annet de Bofredon Chevalier, Seigneur Marquis du Puy-S.ᵗ Gulmier, Baron de Sugéres & de Montbrun, Seigneur de Brouffe, de Creft &c. Sénéchal de la Nobleffe d'Auvergne à Clermont, Lieutenant des Maréchaux de France aux Départemens de Clermont & Moulins, & de Dame Marie Randon-de-Châteauneuf-d'Apchier.

X V I.ᵉ D É G R É.

François-Claude-Amour de Boulier ou de Bouillé-(*e*) du Chariol, dit *le Marquis de Bouillé* (*f*), Chevalier, Baron d'Alleret & Seigneur de S.ᵗ Géron, né le 1.ᵉʳ Mars 1740, a été fait fucceffivement Colonel du Régiment de Vexin Infanterie en 1761, Chevalier de l'Ordre Royal & Militaire de S.ᵗ Louis, Brigadier des Armées du Roy, Gouverneur de la Guadeloupe en 1768, & Premier Chambellan de Monsieur Petit-Fils de France en 1771. De fon mariage accordé par contrat du 6 Juillet 1768 avec Demoifelle Marie-Louife-Guillemette DE BÉGUE, fille de Pierre-Jofeph de Bégue Chevalier de l'Ordre Royal & Militaire de S.ᵗ Louis, & ancien Major Général des Troupes dans l'Ifle de la Martinique, & de Dame Marie-Anne Neau-du Breuil, il a les enfans qui fuivent.

(*a*) (*b*) (*c*) (*d*) (*e*) (*f*) Voyez la note *a* de la page 1.ᵉʳᵉ

XVII.ᵉ DÉGRÉ.

1. Louis-Joseph-Amour né le 1.ᵉʳ Mai 1769.

2. François-Guillaume-Antoine né le 8 Mai 1770.

3. Hippolyte-Charles-Marie né le 30 Avril 1772.

4. Marie-Eléonore née le 2 Octobre 1774.

Vû & vérifié par Nous Chevalier, Juge d'Armes de la Noblesse de France &c.

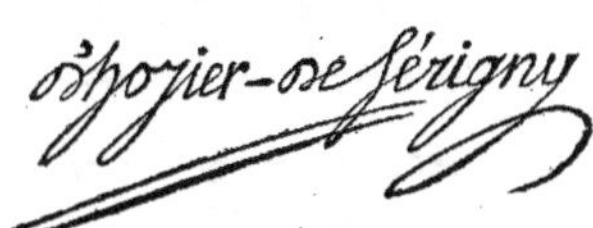

PREUVES
DE L'HISTOIRE GÉNÉALOGIQUE
DE LA MAISON DE BOULIER
OU BOUILLÉ-DU CHARIOL.

N°. I.

De l'an 1155.

Extrait tiré du Gallia Christiana, édition de 1720, tome 2. page 399.
Liste des Abbés de l'Abbaye (a) de Montpeiroux en Auvergne.

THEOBALDUS recenfetur Abbas tertius in charta Falconis de Jaligny Abbatiæ, fecundum aliquos, fundatoris, qua idem Falco omnia quæ Monafterio donaverat in terris Montis-petrofi et Podii-Guillelmi rata habet, et omne jus ac dominium in homines dictarum terrarum attribuit, traditione unius calicis argentei duarum marcharum pondo. Actum anno 1155, præfentibus VIRIS NOBILIBUS Hugone de la Batiffe, PETRO BOUILLETZ, Petro de Chabannes, Guillelmo de Montviannay &c.

(a) C'eft la même Abbaye dont il eft fait mention dans l'acte fuivant, du mois de Mars 1254.

PREMIER DÉGRÉ.

GUILLAUME Boulier Ier. du nom, Chevalier.

N°. I I.

Du mois de Mars 1254. Copié fur l'original.

NOS Magifter Stephanus Officialis Claromontenfis notum facimus univerfis prefentes litteras infpecturis quod GUILLELMUS BOYLHERS MILES conftitutus coram Rotberto de Monte-Maurino Canonico Sancti Genefii Clarom̃, non coactus feu circumventus ab aliquo vel deceptus, fet fponte ac provide et ex certa fciencia, confeffus fuit et recognovit fe habere et tenere in feudum a Religiofis viris Abbate et Conventu Montispetrofi, Ciftercienfis Ordinis, et etiam accepit in feudum ab eifdem coram eodem Canonico ad hoc a nobis fpecialiter deftinato, quantumque ad hoc vices noftras gerente, omnes decimas quas idem Miles habet, percipit et poffidet, feu quafi, in Parrochia de Cella, excepta decima de Podio de Monteguerlhe quam confeffus fuit fe habere in feudum a.. (*) Domino de Volobrio; dicens et extimans dictam decimam de Podio de Mont-guerlhe valere tantum decem fextaria bladi, ac promittens eifdem Abbati et Conventui follempniter ftipulantibus quod fi dicta decima de Podio de Montguerlhe excederet quantitatem decem fextariorum bladi, quod quantum plus valebit idem Miles affidebit eifdem in alio loco competenti Terre fue, et illud accipiet in feudum ab eifdem. Item confeffus fuit fe habere et tenere in feudum ab ipfis Abbate et Conventu, et etiam accepit coram dicto Canonico in feudum ab eifdem, totam terram, prata et nemora, que ipfe habet et poffidet a rivo qui dicitur Credoynha ufque ad grangiam dictorum Abbatis et Conventus que dicitur grangia dels Eftivals. Et quia dictus Miles accepit predicta in feudum ab eifdem et recognovit fe habere et tenere fupradicta in feudum ab ipfis Abbate et Conventu, dicti Abbas et Conventus dederunt eidem Militi mera ac fpontanea voluntate viginti et octo libras Clar̃, quam pecuniam confeffus fuit idem Miles fe habuiffe et recepiffe ab eifdem integre in pecunia numerata, et in utilitatem et neceffitatem fuam fuiffe converfam. Et renuncians in hoc facto PREFATUS GUILLELMUS BOTLHERS (**) MILES omni

(*) Ces deux points fe trouvent ainfi dans l'original.
(**) Ainfi dans l'original en cet endroit: plus haut ce nom eft écrit *Boylhers.*

juri canonico et civili edito et edendo, promulgato et promulgando, et omni confuetudini ftatutoque cuilibet five ufagio approbato et approbando, et exceptioni doli, et in factum actioni et exceptioni non tradite et non recepte pecunie, et fpei future numerationis feu receptionis omnibufque aliis actionibus, exceptionibus, allegationibus et defenfionibus fibi competentibus et competituris, et que in rem, factum, contractum, perfonam feu inftrumentum hujufmodi, poffent obici feu proponi, juravit tactis corporaliter Euvangeliis Sacrofanctis fe attendere ac obfervare univerfa et fingula fupradicta prout fuperius funt expreffa, et contra per fe vel per alium in aliquo non venire, et fe non feciffe nec in pofterum facere aliquid propter quod predicta feu de predictis aliquid poffint minus valere ac obtinere perpetui roboris firmitatem; volens etiam et concedens fe poffe compelli per cenfuram Ecclefiafticam a Curia Clarom̃ ad attendenda ac obfervanda univerfa et fingula fupradicta prout fuperius funt expreffa. In cujus rei teftimonium nos prefatus Officialis eidem Canonico referenti nobis univerfa et fingula fupradicta, prout fuperius funt expreffa, fidem plenariam adhibentes, prefentibus litteris apponi fecimus figillum Curie Clarom̃ Datum anno Domini millefimo ducentefimo quinquagefimo quarto, menfe Marcii.

SECOND, TROISIÉME ET QUATRIÉME DÉGRÉS.

PIERRE Boulier Ier. du nom, Chevalier, Seigneur du Chariol, petit-fils de Guillaume Boulier Chevalier cité dans l'acte précédent de 1254.

Et GUILLAUME Boulier 2e. du nom, Chevalier, Seigneur du Chariol, fils dudit Pierre.

N°. I I I.

Du Jeudi après la Fête de Saint Grégoire Pape 1314. Copié fur l'original.

UNIVERSIS prefentes litteras infpecturis et audituris, Durandus Gregorii Clericus tenens figillum Domini Regis Francie in Arvernia conftitutum, falutem in Domino. Noveritis quod coram dilecto noftro Rigaudo de Ruppe Clerico, fideli Notario Curie Riomi jurato, a nobis ad omnia et fingula infrafcripta vice et auctoritate noftra audienda et recipienda fpecialiter miffo, et cui quantum ad illa et eadem audienda et recipienda vice et noftra auctoritate commifimus totaliter vices noftras, conftitutus DOMINUS GUILLELMUS BOT- LHERII MILES, DOMINUS NUNC DEL CHARRIOL, FILIUS ET HERES DOMINI PETRI BOTLHERII MILITIS QUONDAM, DOMINIQUE QUONDAM DEL CHARRIOL, fponte, fcienter ac provide, confeffus eft et recognovit quod DOMINUS GUILLELMUS BOTLHERII MILES, PROAVUS QUONDAM DICTI DOMINI GUILLELMI BOTLHERII MILITIS, DOMINI NUNC DEL CHARRIOL, ET NUNC HEREDIS DICTI DOMINI PETRI BOTLHERII MILITIS ET DICTI DOMINI GUILLELMI BOTLHERII MILITIS EJUS PROAVI QUONDAM EX LEGITIMA SUCCESSIONE PER DIRECTAM LINEAM DESCENDENTE, ut afferuit dictus Dominus Guillelmus Botlherii Miles, Dominus nunc del Charriol, olim accepit a dictis (a) Religiofis viris Abbate et Conventu Monafterii Montispetrofi, Cifterciencis Ordinis, et a dicto Monafterio, certa feuda in duabus litteris figillo Curie Officialis Claromontenfis figillatis contenta et verbothenus eidem Domino Guillelmo Botlherii Militi, Domino nunc del Charriol, declarata; quarum litterarum prima (b) incipit in fecunda linea, *tutus* (c) *coram* &c. et finit ante Datum (d) *Clarom̃*, alia vero littera incipit in fecunda linea, *Miles et Hug̃* &c. et finit penultima linea *mille- fimo* &c. Quas vero litteras et contenta in eifdem idem Dominus Guillelmus Botlherii Miles nomine quo fupra approbavit, laudavit et confirmavit. Item confeffus fuit et reco- gnovit dictus Dominus Guillelmus Botlherii Miles, Dominus nunc del Charriol, filius et heres dicti Domini Petri Botlherii Militis et dicti Domini Guillelmi Botlherii Militis, proavi quondam, fe tenere in feudum et de feudo a dictis Religiofis viris Abbate et Conventu dicti Monafterii Montispetrofi, Ciftercienfis Ordinis, et a dicto Monafterio, predicta feuda in dictis duabus litteris figillo Curie Officialis Claromontenfis figillatis contenta, ... videlicet omnes decimas quas idem Dominus Guillelmus Botlherii Dominus nunc del

(a) Ce mot *dictis* eft ici de trop dans l'original.
(b) Cet acte eft celui du mois de Mars 1254. Voyez le n°. 2. de ces Preuves.
(c) Les deux premiers mots de la feconde ligne de l'acte du mois de Mars 1254 font en effet *tutus coram*.
(d) Le mot *Clarom̃* précéde en effet immédiatement le mot *Datum* dans la ligne derniére de l'acte du mois de Mars 1254.

Charriol nomine quo fupra habet, tenet, percipit et poffidet, et debet habere vel quafi in tota Parrochia Celle, et quas in pofterum habere, tenere, percipere et poffidere poterit vel debebit in dicta totà Parrochia Celle, cum omnibus et fingulis incrementis in dictis decimis in futurum acquifitis et acquirendis ratione dictarum decimarum, vel ad ipfum Dominum Guillelmum Botlherii Militem nomine dicto competere poffent in dicta tota Parrochia Celle ratione hereditatis paterne aut predecefforum; falva dumtaxat decima de Podio de Monteguerlhio quam confeffus eft et recognovit idem Dominus Guillelmus Botlherii Miles, Dominus nunc del Charriol, nomine quo fupra, ut proavus fuus predictus, fe habere et tenere in feudum et de feudo a nobili et potenti viro Domino Volobrii : quam dictam decimam de Podio de Monteguerlhio valere extimat decem fextaria bladi ; et promifit idem Dominus Guillelmus Botlherii Miles, Dominus nunc del Charriol, nomine quo fupra, dictis Religiofis viris Abbati et Conventui Monafterii Montispetroti, Cifterciencis Ordinis, et eidem Monafterio, prefente Fratre Guillelmo Chamba Prefbitero, Monacho, Procuratore et Syndico dictorum Religioforum virorum et dicti Monafterii, et hujufmodi predicta omnia et fubfequentia pro dictis Religiofis et dicto Monafterio recipiente cum follempni ftipulatione, et quem Fratrem Guillelmum Chamba idem Dominus Guillelmus Botlherii Miles, Dominus nunc del Charriol, confeffus eft et recognovit coram dicto Notario Procuratorem effe ac Syndicum dictorum Religioforum et dicti Monafterii Montispetrofi, quod fi dicta decima dicti Podii de Monteguerlhio excederet decem fextaria bladi, quod quantum plus valebit feu excederet idem Dominus Guillelmus Botlherii Miles, Dominus nunc del Charriol, nomine quo fupra, affidebit et affignabit eifdem Religiofis viris Abbati et Conventui et Monafterio Montispetrofi, predictis, in alio loco competenti, benejacenti et bene valenti, Terre fue dicti Guillelmi Botlherii Militis, Domini nunc del Charriol : et illud plus accipiet et tenebit in feudum et de feudo a dictis Religiofis viris Abbate et Conventu Monafterii predicti, et dicto Monafterio. Item confeffus eft et recognovit idem Dominus Guillelmus Botlherii Miles, Dominus nunc del Charriol, ut fupra, fe habere et tenere in feudum et de feudo a dictis Religiofis viris Abbate et Conventu et a dicto Monafterio Montispetrofi, totam terram, prata et nemora, quam et que idem Dominus Guillelmus Botlherii Miles, Dominus nunc del Charriol, nomine ut fupra, habet, tenet et poffidet, vel alter feu alteri ejus nomine, et quam et que predeceffores fui habuerunt, tenuerunt et poffederunt, a rivo qui dicitur Cridennhia ufque ad grangiam dictorum Religioforum virorum Abbatis et Conventus Monafterii predicti, que grangia appellatur nomine grangia dos Eftivals ; .... item et quicquid juris habet, habebat et habere poteft, poterat ac debebat, in predictis omnibus univerfis et fingulis, et que fibi competunt, competebant et competere poffunt, poterant ac debebant et debent, infra dictos confines. De quibus et pro quibus confeffus eft et recognovit idem Dominus Guillelmus Botlherii Miles, Dominus nunc del Charriol, nomine ut fupra, coram dicto Notario, feciffe manus et *horis* homatgium Religiofo viro Fratri Petro de Alta - Valle Abbati dicti Monafterii Montispetrofi, Ciftercienfis Ordinis, pro fe, et nomine, et ad opus dictorum Religioforum virorum et dicti Monafterii ; et etiam juramentum fideliter confeffus eft idem Dominus Guillelmus Botlherii Miles, Dominus del Charriol nunc, fe feciffe cum conditionibus ad dicta feuda fpectantibus et fpectare debentibus. Pro quibus omnibus et fingulis, et ratione et occafione omnium et fingulorum premifforum, confeffus eft et recognovit idem Dominus Guillelmus Botlherii Miles, Dominus nunc del Charriol, nomine quo fupra, coram dicto Notario, fe habuiffe et recepiffe a dictis Religiofis viris Abbate et Conventu dicti Monafterii Montispetrofi, et a dicto Monafterio, viginti libras Turonenfes...... Et promifit idem Dominus Guillelmus Botlherii Miles, Dominus nunc del Charriol, ... fe predicta omnia et fingula et fubfequentia.... in expenfis fuis propriis deffenfurum a fe et fuis heredibus et ab aliis heredibus quibufcumque dicti Domini Petri Botlherii Militis quondam, patris fui, et ab omnibus aliis caufam habentibus et habituris ab eifdem, et fpecialiter et expreffe ab heredibus Beatricis quon-dam sororis dicti Domini Petri Botlherii Militis quondam, et uxoris Petri Bresso Domicelli quondam......... In quorum teftimonium, ad relationem dicti Notarii,......... prefentibus Domino Guidone de Ruppe Milite, Petro Botlherii Thier Ecclesie (*), fratreque dicti Domini Guillelmi Botlherii Militis, Domini nunc del Charriol,... dictum figillum dicte Curie Riom prefentibus litteris duximus apponendum..... Datum die Jovis poft Feftum Beati Georgii (**) Pape anno Domini Incarnationis millefimo trecentefimo quarto decimo. (*Signé*) Rigaudus ita eft.

(*) Ainfi dans l'original.
(**) Ainfi dans l'original : il eft vifible que le Notaire a cru écrire *Gregorii.*

CINQUIÉME ET SIXIÉME DÉGRÉS.

PIERRE Boulier 2ᵉ. du nom, Chevalier, Seigneur du Chariol, eut pour femme Ahélis *de Ruppe* & fut pére de

LOUIS Boulier Chevalier, Seigneur du Chariol, marié avec Ifabelle de la Grauliére.

N°. IV.

Du 30 May 1328.

Extrait de l'Hiſtoire Généalogique de la Maiſon d'Auvergne par Baluze, Preuves, Tome 2. page 154.

Extrait des Regiſtres du Parlement.

BAILLÍVO Arverniæ vel ejus locum tenenti ſalutem. Cum Simon de Drocis, Dominus de Blot, Vicecomes de Venthodoro, Dominus de Breon, Guido de Jumel Miles, Dominus de Langac, Gerardus de Montmorin Miles, Dominus d'Ouliergues, Dominus de Turre, Dominus de Volore, Dominus de Caillac, Petrus de Malomonte Miles, Dominus de Monteacuto, Dominus de Dalet, Dominus de Sanɛto Bonito, Dominus de Caſtro de Montaigne, Dominus de Griffen, Oudinus de Vars Miles, diɛtus le Bourguignon de la Palice Miles, Dominus de Montroignon, Dominus de la Prugne, Robertus Domprie Miles, Dominus de Vernignes, Amblardus de Chalus Miles, Guillelmus de Chalus Scutifer, Dominus de Leurous, Guillelmus de Molendino novo Miles, Guillelmus de Murol Miles, Armandus de la Peyroſe Scutifer, PETRUS BOILLIER SCUTIFER, Guillelmus Arveu, Boichardus de Foreſta Miles, Morinus de Peignac Miles, Odinus de Codoignac Miles, Dominus de Moncello, Dominus de Chazeiro, Brunus de Clavier Miles, Atho de Sanɛto Floro Miles, diɛtus Goet de la Roe Miles, Bertrandus de Sanɛto Neɛterio Miles, Bertrandus de Broc Miles, Dominus de Breon, Dominus de Jarſac, Armandus de Caſtronovo Miles, diɛtus le Drac de Caſtronovo, Dominus de Veſſe, et Dominus de Belloforti, NOBILES ARVERNIÆ, virtute litterarum noſtrarum ſibi direɛtarum ad inſtantiam Procuratoris noſtri et Religioſorum et Communitatum de Arvernia ratione quorundam privilegiorum per DICTOS NOBILES in præjudicium diɛtorum Religioſorum et Communitatum impetratorum adjornati Pariſius coram nobis per te ad diem Bailliviæ Arverniæ Parlamenti præſentis ſuper utilitate cujuſdam defeɛtus et ad procedendum in negotio ipſorum prout eſſet rationis, prout de diɛto adjornamento Curiæ noſtræ conſtitit per tuam reſcriptionem, non ſe præſentaverunt ad diɛtam diem, et ad inſtantiam diɛtorum Procuratoris noſtri, Religioſorum et Communitatum, fuerunt per Curiam noſtram poſiti in defeɛtu; mandamus tibi quod diɛtas perſonas adjornari facias coram nobis ad diem Bailliviæ tuæ futuri proxime Parlamenti, viſuras adjudicari commodum quod diɛti Procurator noſter, Religioſi et Communitates, petunt ex defeɛtibus prædiɛtis, et interim DICTOS NOBILES prædiɛtis privilegiis uti non permittas, et ad procedendum in negotio ipſorum prout fuerit rationis Curiam noſtram certificans ad diɛtam diem de adjornamento prædiɛto. Die XXX Maii MCCCXXVIII.

N°. V.

Du Jeudi avant la Fête de Saint Urbain 1351. Copié ſur l'original.

Contrat de mariage de Louis Boulier avec Iſabelle de la Grauliére.

UNIVERSIS preſentes litteras inſpeɛturis   (*)   tenens ſigillum Curie Domini Comitis Forenſis in Terra Tyherni, ſalutem in Domino. Noveritis quod in Curia Tyherni perſonaliter conſtitutus NOBILIS VIR DOMINUS PETRUS BOTLHERII MILES, DOMINUS DAL CHARRIOL, ET   (*)   PATRIS SUI ASSENSUM ET AUCTORITATEM DICTO LUDOVICO FILIO SUO quoad omnia infraſcripta facienda et concedenda preſtantis et donantis, nomine ſuo ac pro ſe et ſuis, ex parte una, et NOBILIS DOMINA DOMINA PHILIPPA DE

(*) Cet aɛte eſt rongé dans les endroits déſignés ici par une étoile.

Moncello   (*)   , Bernardus de Grauleria Domicellus, filius nunc dicte Domine Philippe et condam prefati Domini Guidonis, major quatuordecim annorum ut evidenter apparet cuilibet intuenti per aspectum sui corporis et ut nobis specialiter constitit,   (*)   Grauleria Domicella soror germana dicti Bernardi, persona libera et sui juris existens,.................. nomine suo ac pro se et suis, ex altera parte, sponte, scienter ac provide, confesse fuerunt et in veritate recognoverunt dicte partes,   (*)   huic inde intervenientibus inter ipsas, quod intervenientibus plurium amicorum   (*)   voluntate, tractatu pariter et concensu, proloqutum et tractatum ex et de contrahendo et celebrando matrimoñ in dicto nomine inter dictum   (*)   Domicellam, et quod in dictis proloqutione et tractatu dicta Domina Philippa et dictus Bernardus   (*)   Domicellus, ejus filius, pro omni jure et actione, petitione,   (*)   divisione, portione fraterna,   (*)   promissione dotis et alia promissione et obligatione   (*)   seu   (*)   institutionis, substitutionis testamentarie vel ab intes.... (*)   materna jure hereditario et actione   (*)   et contingere debentibus et valentibus in omnibus & singulis   (*)   juribus, nominibus, debitis et actionibus quibuscumque,   (*)   dicti Domini Guidonis de Grauleria, militis, condam patris sui,   (*)   Philippa et dictus Bernardus de Grauleria insimul et quilibet eorum   (*)   tenent et possident et que quandocumque in futurum acquirent nec non et   (*)   et nomine et ob causam doctis dicte Yzabellis ob spem, favorem et contemplationem dicti matrimonii,   (*)   Ludovicum et Yzabellem per verba de presenti in facie Sancte Matris Ecclesie   (*)   celebrandi, promiserunt, donaverunt, constituerunt et assignaverunt dicti Domina Philippa et Bernardus dicto Ludovico Botlherii Domicello, nomine et ad opus dicte Yzabellis, ... et eidem Yzabelli presenti et recipienti, et .... heredibus et successoribus universis ipsius Yzabellis,   (*)   et actionem habentibus et habituris, de bonis paternis et maternis ejusdem Yzabellis, ea que inferius exprimuntur seu declarantur; primo videlicet triginta et quinque libras annuatim censuales et reddituales,... assignandas per dictos Dominam Philippam et Bernardum vel per alterum eorumdem aut suos dicto Ludovico Botlherii Domicello nomine et ad opus dicte Yzabellis et heredum et successorum suorum in perpetuum, celebrato prius dicto matrimonio inter dictos Ludovicum et Yzabellem..... Item et quingentas libras Turonenses solvendas et reddendas per dictos Dominam Philippam et Bernardum vel per alterum eorumdem aut suos dicto Ludovico Botlherii Domicello..... Et exhinde dictus Dominus Petrus Botlherii Miles, et dictus Ludovicus ejus filius cum assensu et auctoritate dicti patris sui, assensum et auctoritatem sibi quoad omnia infrascripta facienda et concedenda prestantis et donantis, ob spem, favorem et contemplationem dicti matrimonii inter ipsum Ludovicum Botlherii et dictam Yzabellem de Grauleria.... celebrandi,.... promiserunt....... dicte Yzabelli presenti et recipienti in dotalicium et nomine dotalicii seu donationis propter nubtias in casu tamen in quo dictum Ludovicum premori contigeret dicta Yzabelle et ipsa supervivente......, celebrato prius dicto matrimonio inter ipsos Ludovicum et Yzabellem, videlicet triginta libras annuatim censuales et reddituales cum directo dominio..... anno quolibet per curssum vite sue dumtaxat, et ipsi Yzabelli in eo anno proximo dicto assidendas et assignandas incontinenti post obitum ejusdem Ludovici, et ad simplicem requestam et requisitionem dicte Yzabellis,... per ipsum Dominum Petrum Botlherii Militem vel heredes suos aut per heredes ejusdem Ludovici... in et de bonis, terra, censibus et redditibus dicti Domini Petri Botlherii Militis,..... et amplius hospicium ejusdem Domini Petri vulgaliter appellatum de Banis cum ejusdem hospicii juribus..... et pertinentiis universis ad vitam ejusdem Yzabellis dumtaxat: quodquidem hospicium...... situm est in Villa Tyherni... Iidem Ludovicus Botlherii et   (*)   confessi fuerunt et in veritate recognoverunt, dictis Domina Philippa et Bernardo presentibus,   (*)   Jacobum de Grauleria fratrem germanum dicti Bernardi et suos tangunt pro se et dicto Jacobo et heredibus ac successoribus suis...,   (*)   eademque Domina Philippa pro se et dicto Jacobo   (*)   ex dicta constitutione dotis predicte, legittimam portionem, frayreschiam, partem, et integrum partacgium, et omnia jura alia, dictam Yzabellem pro se et dictum Ludovicum Botlherii pro eadem Yzabelle contingentes et contingentia sibique conpetentes et conpetentia ex causis superius expressatis vel aliis quibuscumque   (*)   rebus quibuscumque dictorum parentum dicte Yzabellis et cujuslibet ex eisdem, presentibus et futuris, et in bonis et rebus quibuscumque, que et quas dicti Bernardus et Jacobus de Grauleria fratres dicte

(*) Les endroits désignés ici par une étoile sont rongés dans cet acte.

Izabellis, et quilibet ipforum, habent, habebunt et acquirent in futurum quoquomodo feu habebunt tempore mortis fue; afferens   (*)   voluntate dicti Ludovici Botlherii, et ipfo volente, auctorizante et concenfiente, fe ipfam Yzabellem effe et debere effe totaliter contentam de dictis bonis, rebus et hereditate dictorum parentum fuorum et eorum cujuslibet, prefentibus et futuris. . . . . · Quibus fic actis prefatus Dominus Petrus Botlherii Miles. . ., ob favorem et contemplationem quam habet in dicto matrimonio faciendo et contrahendo inter ipfos Ludovicum et Yzabellem, eumdem Ludovicum filium fuum de prefenti fecit et inftituit heredem fuum univerfalem in omnibus, univerfis et fingulis bonis et rebus fuis, paternis et maternis, . . . quibufcumque, prefentibus et futuris, . . . exceptis illis de quibus idem Dominus Petrus in teftamento fuo aliter fibi placuerit et voluerit ordinare. . . . . In quorum teftimonium, ad rogatum dictarum partium et cujuslibet earumdem, prefentibus litteris dictum Sigillum duximus apponendum, falvo jure dicti Domini Comitis et quolibet alieno. Duplex eft. Datum teftibus hiis prefentibus nobilibus viris Dominis Athone Sancti Floris, Rotgerio Johan Domino de Balanova, Guillelmo Chauleti et Bernardo de Feneyrols, Militibus, et venerabili viro Domino Petro de Fargia Canonico Ecclefie Tyherni, die Jovis ante Feftum Beati Urbani. . . . anno Domini millefimo tercentefimo quinquagefimo primo. (*Signé*) Johannes Bajuli, ita eft.

N° V I.

Du Lundi avant la Fête de Sainte Marie-Madeléne 1351. *Copié fur l'original.*

Universis prefentes litteras infpecturis et audituris, Petrus de Lhuco Canonicus Thierni, tenens Sigillum Curie Domini Comitis Forenfis in Terra Thierni, falutem in Domino. Noveritis quod coram dilecto noftro Johanne Bajuli Prefbitero, fideli Notario Curie Thierni jurato, a nobis ad hec omnia, univerfa et fingula, que fequntur, audienda et recipienda, vice et auctoritate noftra fpecialiter miffo, deftinato et deputato, et cui quantum ad illa eadem omnia, univerfa et fingula, que fequntur, audienda et recipienda, vice et auctoritate noftra predicta et pro nobis conmifimus, adhucque tenore prefentium litterarum conmittimus totaliter vices noftras, perfonaliter conftitutus VENERABILIS VIR PETRUS BOT-LHERII CLERICUS, FILIUS NOBILIS VIRI DOMINI PETRI BOTLHERII MILITIS, DOMINI CARRIOLIS, ET DOMINE AHELIDIS FILIE QUONDAM GUILLELMI DE RUPPE QUONDAM DOMICELLI, UXORIS QUONDAM DICTI DOMINI PETRI BOTLHERII, emancipatus a dicto patre fuo, prout conftat per litteras dicte emancipationis quarum tenor de verbo ad verbum inferius eft incertus, fponte, fcienter ac provide, quittavit, ceffit penitus et remifit dicto Domino Petro Botlherii Militi, patri fuo, et LUDOVICO BOTLHERII EJUS FILIO FRATRIQUE EJUSDEM PETRI BOTLHERII CLERICI, ... videlicet totum jus. . . . quod. . . . dictus Petrus Botlherii Clericus emancipatus habet, habebat et habere poteft, poterat et debebat. . . in omnibus, univerfis et fingulis bonis et rebus. . . . que nunc dictus Dominus Petrus Botlherii habet, tenet et poffidet, per fe vel per alium feu alios, ... et que idem Dominus Petrus Botlherii habebit, tenebit, poffidebit et explectabit tempore mortis fue, necnon et in omnibus, univerfis et fingulis bonis et rebus. . . . que quondam fuerunt DICTE DOMINE AHELIDIS DE RUPPE QUONDAM MATRIS SUE, jure heredictario paterno vel materno, et ratione partis, partacgii, frayrefchie, communitatis, feu divifionis cujufcumque, fibi contingent et contingere debent in bonis er rebus predictis aut alio quoquomodo; . . . . pro quibusquidem quittatione, ceffione feu remiffione, fic factis, et pro omni jure et actione, parte, partacgio, frayrefchia, et legitima efchaeta, fibi contingentibus et contingere debentibus in bonis et rebus predictis fuperius declaratis, dictus Dominus Petrus Botlherii Miles dedit, . . . conftituit et affignavit dicto Petro filio fuo emancipato quadraginta libras Turonenfes, videlicet triginta libras dicte fumme peccunie ad vitam ejufdem Petri Botlherii Clerici tantum et decem libras earumdem quadraginta librarum fibi et fuis in perpetuum cenfuales et reddituales annuatim, cum omni directo dominio. . . quod cenfus importat ad ufatgium Milit. . . affignandas dicto Petro Botlherii Clerico per dictum Dominum Petrum Botlherii vel per Ludovicum Botlherii filium fuum aut fuos ad confuetudinem Patrie Arvernie generalem, videlicet duas partes in blado et tertiam partem in denariis de cenfibus et redditibus dicti Domini Petri Botlherii que ipfe habet in Villa Thierni et apud Piffaben, videlicet ea que VENERABILIS VIR DOMINUS CHATARDUS BOTLHERII QUONDAM CANONICUS ET THESAURARIUS ECCLESIE THIERNI. . . . poffidebat. . . . . tempore mortis fue in Villa Thierni et apud Piffaben; . . .

(*) L'acte eft rongé en cet endroit.

et illud quod reftabit de diɑis quadraginta libris teneatur et debeat affidere idem Dominus
Petrus Botlherii aut Ludovicus ejus filius, vel fui heredes et fucceffores, diɑo Petro Botlherii Clerico emancipato in locis competentibus et contiguis et bene jacentibus et perpetuo valituris de cenfibus et reddicibus fuis in locis ubi diɑo Domino Petro et Ludovico
ejus filio vel fuis heredibus magis placuerit eligendis. Et ulterius tradidit idem Dominus
Petrus diɑo Petro filio fuo ad vitam fuam tantum hofpicium fuum vocatum de Porchareffes
fitum in Villa Thierni, ... et amplius omnes domos et edifficia, et vineas, nemora
et prata, et alia bona inmobilia quecumque, que diɑus Dominus Chatardus Botlherii
àcquifiverat in Caftellania Thierni; ..... cum quibus et pro quibus quadraginta libris cen-
fualibus et reddituabilus annuatim, affidendis et affignandis per diɑum Dominum Petrum
et Ludovicum ejus filium diɑo Petro filio fuo emancipato,.... diɑus Petrus Botlherii
Clericus emancipatus fe habuit et tenuit pro contento et bene paccato de bonis et rebus
paternis et maternis fupradiɑis quibufcumque, prefentibus et futuris, et confeffus fuit
... fe habuiffe et integre recepiffe a diɑo patre fuo fuam legitimam, partem, portionem,
frayrefchiam, atque partem de eifdem. Item fuit aɑum, ... et fic diɑi Dominus Petrus
Botlherii, Ludovicus Botlherii, et Petrus Botlherii Clericus emancipatus, voluerunt, ...
quod fi contingebat, quod abfit, diɑum Ludovicum defcedere abfque hered", mafculo
uno vel pluribus, ex fuo proprio corpore legitime et matrimonialiter procreatis, derelictis,
in diɑo cafu diɑus Petrus Botlherii Miles fecit et inftituit diɑum Petrum filium fuum
emancipatum heredem fuum univerfalem in omnibus bonis et rebus.... fuis quibufcumque, paternis et maternis, prefentibus et futuris: ... ita quod diɑus Petrus debeat et
teneatur unam filiam diɑi Ludovici maritare et alias filias diɑi Ludovici, fi que fuerint,
facere fieri Moniales in Religione fufficien" honorabiliter fecundum ftatum fuum...
Tenor vero diɑarum litterarum emancipationis fequitur et eft talis :

Nos Bernardus de Feneyrolz Miles, Caftellanus Thierni, notum facimus univerfis prefentes litteras infpeɑuris et audituris quod coram nobis in judicio perfonaliter
conftitutus NOBILIS VIR DOMINUS PETRUS BOTLHERII MILES, DOMINUS DAL CHARRIOL,
fponte, fcienter, ac provide, Petrum Botlherii Clericum filium fuum, prefentem et
emancipari petentem ac volentem, auɑoritate noftra judiciali et decreto intervenien"
emancipavit; .... concedens diɑus pater prenominato filio fuo emancipato plenam
et liberam poteftatem et fpeciale mandatum agendi, ... in judicio ftandi, obligandi,
jurandi, teftandi, codicillandi, et omnia alia univerfa et fingula faciendi, ... que quilibet paterfamilias et perfona fui juris exiftens facere poteft et debet.... In quorum teftimonium ad rogatum diɑi patris Sigillum noftrum hiis prefentibus litteris appofuimus;
rogantes infuper vos venerabilem virum Petrum de Lhuco Canonicum Thierni, tenentem
Sigillum Curie Domini Comitis Forenfis in Terra Thierni, quathinus diɑum Sigillum
diɑe Curie diɑi Domini Comitis hiis prefentibus litteris apponatis feu apponi faciatis
ad majorem firmittatem habendam contentorum in eifdem. Et nos prefatus tenens diɑum
Sigillum diɑe Curie diɑi Domini Comitis, ad rogatum diɑi Caftellani, ipfum Sigillum
Curie Domini Comitis in Terra Thierni conftitutum his prefentibus litteris duximus
apponendum. Datum teftibus hiis prefentibus RELIGIOSO VIRO DOMINO JOHANNE
BOTLHERII ORDINIS SANCTI JOHANNIS JEROSOLIMITANI, venerabili viro Domino Petro
de Fargia Canonico Thierni, Amblardo de Petroza alias de Oll"ia Domicello, et Egidio
de Broffa Parrochie de Torris, die lune ante Feftum Beate Marie Magdalene..... anno
Domini millefimo tercentefimo quinquagefimo primo.

In quorum... teftimonium, ad relationem diɑi Notarii, ...teftibus hiis prefentibus
RELIGIOSO VIRO FRATRE JOHANNE BOTLHERII ORDINIS SANCTI JOHANNIS JEROSOLIMITANI,
nobili viro Domino Bernardo de Feneyrolz Milite, Caftellano Thierni, venerabili viro
Domino Petro de Fargia Canonico Thierni, et Amblardo de Petroza alias de Oll"ia Domi-
cello, et cui Notario... fidem plenam adhibemus, hiis litteris prefentibus dupplicatis.....
diɑum Sigillum duximus apponendum..... Datum die lune ante Feftum Beate Marie
Magdalene..... anno Domini millefimo tercentefimo quinquagefimo primo. (*Signé*)
Johannes Bajuli ita eft.

N.º VII.

Du Lundi avant la Fête de S.te Catherine Vierge 1389. Copié fur l'original.

UNIVERSIS prefentes litteras infpeɑuris et audituris, Micahel de Vars Prefbiter, Canonicus Biliomi, tenens Sigillum Curie Cancellarie nobilis et potentis viri Domini Montifacuti et Caftriodonis in Terra fua conftitutum, falutem in Domino. Noveritis quod in

Curia Caftriodonis perfonaliter conftitutus NOBILIS VIR DOMINUS LUDOVICUS BOLHERII MILES, DOMINUS DO CHARRIOL,.... adcenfavit.... Johanni Criftiani alias Verilherii Clerico, Ville Caftriodonis, prefenti, ... et fuis, in emphiteozim feu in perpetuum tenementum ad annuum cenfum..... unius fextarii frumenti.... et unius galline cenfualis cum directo dominio,.... cum mutagio et vendis contingentibus, ... fibi Domino Ludovico Bolherii Militi et fuis heredibus et fucceffibus univerfis et fingulis in perpetuum quolibet anno de cetero in Fefto Beati Juliani per dictum Johannem Verilherii et fuos folvendorum et reddendorum, tandiu tamen quandiu idem Johannes et fui res inferius confinatas tenebunt et poffidebunt, videlicet quamdam grangiam cum fuis.... juribus et pertinenfiis univerfis... fit.... in predicta Villa Caftriodonis.... Preterea prelibatus Miles....confeffus fuit....coram dicto Notario....fe....recepiffe a preffato Johanne Verilherii... pro predictis adcenfatis fuperius confinatis triginta libras Turonenfes....In quorum teftimonium ad rogatum dicti Militis hiis prefentibus litteris ad opus ipfius Militis dupplicatis dictum Sigillum duximus apponendum, falvo jure dicti Domini Montifacuti et jure quolibet alieno.... Actum teftibus hiis prefentibus NOBILI VIRO GUILLELMO BOLHERII DOMICELLO, FILIO DICTI MILITIS, Thoma Sapelli, Johanne Bergho Clericis...... Datum die lune ante Feftum Beate Catherine Virginis anno Domini millefimo tercentefimo octuagefimo nono. (*Signé*) Hug.~ Cha (*)::: ita eft.

N.° VIII.

Du Jeudi après la Fête de Sainte Foy Vierge 1397. *Copie vidimée fur l'original en* 1504.

A TOUS *ceulx qui ces préfentes lectres verront & orront, Jacques du Puy Efcuyer, Confeilhier du Roy noftre Sire, Garde & tenant le Seel de la Court & Chancellerie des Reffortz & Exempcions d'Auvergne, par le Roy noftre dit Sire à Montferrand eftably, falut. Savoir faifons que noz aymés & féaulx Sulpice Regnauld & Guillaume Chargére Clercz Notaires Jurez dudit Seel & ès quieulx quant ad ce nous avons commis & par ces préfentes conmectons noz voix, force & pouvoir, les quieulx nous ont rappourté...... avoir leu....... de mouct en mouct unes Lectres efcriptez en parchemyn & feellées à double queüe à cyre jaulne,..... defquellez la teneur s'enfuyt :*

Univerfis prefentes licteras infpecturis,... Guillelmus Caffina Prefbiter, tenens Sigillum Curie Excellentiffimi Principis et Domini Domini Johannis Auvernie et Bituf Ducis, apud Com~ Mon~ Thiern~ et Bulhionen in Auvernia conftitutum, falutem in Domino. Nouveritis quod coram dilecto noftro Petro Guayeti fideli Notario dicte Curie jurato cui quantum ad omnia que fecumtur audienda et recipienda vice et auctoritate noftra et pro nobis conmiffo adhucque tenore prefencium conmictimus totaliter vices noftras, perfonnaliter conftitutus NOBILIS VIR DOMINUS LUDOVICUS BOULHERII MILES, DOMINUS CARIOLI, fponte, fcienter ac provide, confeffus fuit..... coram dicto Notario..... fe habere et tenere et predeceffores fuos ab antiquo tenuiffe ab illuftri et nobili viro ac potenti Domino Ludovico de Liftenoix Domino Montifacuti, Milite, ac Ville Caftriodonis, et a predeceffibus fuis, abfcencia ejufdem Domini de Liftenoix ac Caftriodonis pro prefencia repputata et ftipulata, de Feudo liegio et in Feudum liegium, manus et horis cum fidelitate..... et juramento preftito, ea que fequntur..... Primo videlicet domum fuam cum fuis ortis........ fituatis.... in Villa et Caftellania Caftriodonis et pertinenciis earumdem; item et omnes et fingulos cenfus, reddictus,.... decimas fceu decimarias parcerias bladorum, vinorum..... et gallinarum, mutagiorum, intragiorum, vendas, fubvendas, et alias redevencias quafcumque, que et quas idem confitens habet, tenet et poffidet,..... et fibi conpetunt quequomodo in villis et Parrochiis dictorum locorum Caftriodonis, Sancti Illidii in Montaneis et de Calce;.... item et quafdam domos fitas in Villa Thierni, vocatas es Beffes;.... item azium de Faya Danera fitum juxta tenementum de Colunghas;.... item unam libram piperis quàm idem confitens aut fui predeceffores anno quolibet percipere confueverunt in domibus vocatis de Blancha-Rocha, fitis in Villa Thierni : quam quidem libram piperis idem Miles anno quolibet percipere confuevit cum tenemento dicti hofpicii, caufa cenfus et pro dicto hofpicio et caufa Feudi dicti loci Caftriodonis. Et promifit dictus confitens.....fub obligacione omnium bonorum dicti Feudi fe predicta omnia actendere et tenere..... In quorum teftimonium ad relacionem dicti Notarii,..... teftibus hiis prefentibus Stephano Fourr~ Clerico, Domino Petro de Ploux Prefbitero et Georgio lo Coufdurer, cui Notario..... fidem plenam

(*) La fin de ce nom eft illifible dans l'acte.

adhibentes hiis licteris presentibus dictum Sigillum duximus apponendum. Actum et dactum die Jovis poft Feſtum Beate Fidis Virginis anno Domini milleſimo oct.° (*) nonageſimo ſeptimo, & ſignées Petrus Guayeti. *En teſmoingt deſquelles choſes deſſus dites nous tenant ledit Seel à la relacion.... deſdits Notaires.... auſquelz.... nous avons adjouſté & adjouſtons plaine foy, à ces préſentes avons fait mettre & appoſer ledit Seel Réal que nous tenons. Faictes & données le vingt & troyeſme jour de Septembre l'an mil cinq cens & quatre.* (Signé) S. Reignauld, (&) G. Chargére.

N°. I X.

Du 4 Juin 1400. Copié ſur l'original.

UNIVERSIS preſentes litteras inſpecturis et audituris, Petrus de Fonte Brugenˉ Cuciaci tenens Sigillum Curie Cancellarie Exemptorum Arvernie apud Cuciacum in Arvernia conſtitutum, ſalutem in Domino. Noveritis quod coram dilecto noſtro Guillelmo Fauconis Clerico, fideli Notario dicte Curie jurato, et a nobis ad hec omnia et ſingula que ſequntur audienda et recipienda vice et auctoritate noſtra ſpecialiter conmiſſo et deſtinato et cum quo ad hec conmiſimus totaliter vices noſtras, perſonaliter conſtitutus NOBILIS VIR DOMINUS Ludovicus BOULHERII M.LES, DOMINUS DE CARIOLO, ſponte, ſcienter ac provide, et ex ſua certa ſciencia, adcenſavit et titulo pure, vere, perfecte, ſimplicis, perpetue, integre ac inrevocabilis adcenſe, habere voluit, conceſſit ac tradidit, vel quaſi, Guillelmo Darcons Carpentatori nunc conmoranti in Villa Podii-Guillelmi, preſenti, adcenſanti et recipienti, et ſuis perpetuo ad cenſum et pro cenſu unius ſextarii frumenti boni bladi..... et duarum gallinarum cenſualium cum dominio et ipſum dominium cum directo dominio AD USAGIUM MILITIS,.... ſolvendorum et reddendorum per dictum Guillelmum Darcons et ſuos dicto Militi et ſuis de cetero quolibet anno in Feſto Beati Julliani, ...tandiu tamen quandiu idem Guillelmus Darcons ſive emphiteota res inferius confinatas tenebit ſive ſui heredes tenebunt molendinum do Mos, pratum ſive graveriam Salzedi et terram inter ſe contingentem vocatam do molin Thenuc cum ſuis..... juribus et pertinenciis quibuſcumque ſituatis et exiſtentibus in Juridicione et Juſticia Domini Caſtrihodonis..... Ad hoc autem preſens fuit et propter hoc perſonaliter conſtitutus prefatus Guillelmus Darcons emphiteota, qui promiſit, debet ac tenetur ſolvere et reddere dicto Militi et ſuis ſeu eorum certo mandato dictum.... ſextarium frumenti,... duas gallinas,.... tandiu tamen quandiu idem emphiteota, ſive ſui, rerum ſuperius adcenſatarum erit, ſeu erunt, tenentes earum ut eſt dictum..... In quorum teſtimonium, ad rellationem dicti Notarii cui ſuper premiſſis fidem adhibemus plenam, litteris hiis preſentibus dupplicatis dictum quod tenemus Sigillum duximus apponendum, ſalvo jure Regio et alieno. Actum teſtibus hiis preſentibus Johanne Charbonerii Clerico,.... et datum quarta die menſis Junii anno Domini milleſimo quatercenteſimo. (*Signé*) G. Fauconis ita eſt.

SEPTIEME DÉGRÉ.

GUILLAUME Boulier III.ᵉ du nom, Chevalier, Seigneur du Chariol.

Béatrix DE MONTREVEL-DE LA FAYE ſa femme.

N.° X.

Du 16 May 1423. Copié ſur l'original.

UNIVERSIS preſentes licteras inſpecturis et audituris, Egidius de Fretet Domicellus, Baccalarius in Legibus, tenens Sigillum Regium olim in Arvernia conſtitutum, ſalutem in Domino. Noveritis quod coram dilecto noſtro Johanne Fournerii fideli Notario Curie Riomi jurato et a nobis ad hec omnia, univerſa et ſingula, que ſequntur, audienda et recipienda, vice et auctoritate noſtra ſpecialiter miſſo et deſtinato, et cui quo ad hec commiſimus et adhuc per preſentes licteras commictimus totaliter vices noſtras,

(*) Ainſi dans ce Vidimus : il faut lire *tercenteſimo.*

perfonaliter conftitutus NOBILIS VIR DOMINUS GUILLELMUS BOULHERII MILES, DOMINUS
DU CHARRIOL, fponte, fcienter ac provide confeffus fuit, et pro vero coram dicto notario
recognovit (prefente ad hec NOBILI ET POTENTI DOMINA DOMINA BEATRIXE DE MONTE-
REVELLO Domina de la Faya ejus uxore, ... pro fe et fuis heredibus mafculis ab ipfa def-
cendentibus in recta linea de voluntate dicti Domini Guillelmi recipiente et ftipulante) quod
cum tempore contractus matrimonii dictorum Domini Guillelmi & dicte Domine Beatricis
NOBILIS QUONDAM VIR DOMINUS GUILLELMUS DE MONTE-REVELLO ALIAS DICTUS LERMI-
TE, DOMINUS DE LA FAYA, PATER DICTE DOMINE BEATRICIS, donaffet, conftituiffet et
affignaffet dicte Domine Beatrici, et per eam dicto Domino Guillelmo ejus viro in dotem
dicte Domine Beatricis, videlicet inter cetera duodecim libras et decem folidos redditus per
dictum quondam patrem dicte Domine Beatricis eidem Domine et per eam dicto ejus viro
traditas et affignatas in Villa et Parrochia fancti Juliani Leneftie in Patria Forenfis, quas quidem duodecim libras et decem folidos dictus Dominus Guillelmus a tunc citra vendiderit
et tranfpourtaverit dicto Domino Guillelmo de Monte-Ravello patri dicte Domine Beatricis qui poft modum eafdem duodecim libras et decem folidos tradidit et tranfportavit nobili viro Maftivo Domino de Marlia ; amplius donaffet dictus Dominus Guillelmus de Monte-Revello dicte Domine Beatrici ejus filie in dotem, videlicet jocalia et ornamenta dicte
Domine Beatricis nubcialia, afcendentia fummam quatercentum francorum auri, nec non, ...
donaffet mille francos auri boni ponderis, que predicta dictus quondam pater dicte Domine
Beatricis a dicta conftitutione citra folvit et deliberavit DEFFUNCTO NOBILI QUONDAM VIRO
DOMINO LUDOVICO BOULHERII PATRI DICTI CONFITENTIS, et que jocalia & ornamenta
a tunc citra fuerunt fimiliter per dictum quondam Dominum Ludovicum alienata caufa
proffequcionis Terre de la Foreft; in contractu cujufquidem matrimonii dictus quondam
DOMINUS LUDOVICUS BOULHER favore et contemplacione ejufdem matrimonii conftituiffet et affignaffet dicte Domine Beatrici ad ejus vitam et in doralicium ejufdem, videlicet
viginti quinque libras feu libratas terre per heredes ipfius Domini Ludovici dicte Domine
Beatrici affidendas et affignandas in locis modo et forma in licteris dicti matrimonii declaratis, vendideritque amplius dictus Dominus Guillelmus una cum dicta Domina Beatrixe
ejus uxore nobili Johanni Seaume et fuis perpetuo, precio duorum mille & centum francorum auri, videlicet quartam partem et totum et quicquid dicta Domina Beatrix habebat,
tenebat et poffidebat in et de Caftris, Terris, Caftellaniis de Mainfat et Defpirat, cenfibus
et redditibus, jurifdicione et jufticia, & aliis juribus, pertinenciis & appendis quibufcumque
dictorum Caftrorum, Caftellaniarum atque Terrarum, que jam dicta vendita eidem Domine
Beatrici obvenerant et pertinebant per mortem & racione fucceffionis quondam NOBILIUM
VIRORUM DOMINORUM JOHANNIS ET LUDOVICI DE MONTE-RAVELLO MILITUM, FRATRUM
GERMANORUM DICTE DOMINE BEATRICIS, qui deccefferunt conftante matrimonio inter
ipfam et dictum Dominum Guillelmum virum fuum ; et quod precium duorum mille et
centum francorum auri dictus DOMINUS GUILLELMUS BOULHER tunc recepit et penes fe habuit ; et de ipfis duobus mille et centum libris redemit, rehabuit & recuperavit Terram
fuam de Caftriodone quam dictus Guillelmus per antea adcenfaverat et tranfportaverat Ro-
berto Andree Civi Claromontis, faltem ufusfructus; et eciam folvit & deliberavit de eadem
fumma Capitulo Ecclefie fancti Genefii Thierni quadraginta fcuta auri in quibus dictus Dominus Guillelmus fibi tenebatur racione certorum arreragiorum cenfus et libracionum racione predecefforum fuorum ipfius Domini Guillelmi debitorum, & refiduum NOBILI BER-
TRANDO DE LA COURTINE cui dictus Dominus Guillelmus tenebatur racione dotis NOBILIS
YZEU BOULHIERE UXORIS DICTI BERTRANDI, NEPTIS DICTI DOMINI GUILLELMI ; abfque
eo quod dictus Dominus Guillelmus Boulherii de predictis duodecim libris et decem folidis
dicto quondam patri dicte Domine Beatricis venditis et de dicta predicta Terra de Mainfat
et Defpirat dicto Joanni Seaume, ut dictum eft, vendita, dicta Domina Beatrix a dicto ejus
viro aliquam recompenfacionem habuerit, et nichilominus habuerit & receperit dictus Dominus Guillelmus de bonis perafernalibus feu adventiciis dicte ejus uxoris fummam fex viginti
fcutorum auri que proveniebant ex vendicione certorum bonorum que fuerunt deffuncti Domini Mathei de Monderiis quondam Canonici dicte Ecclefie fancti Genefii, que bona dicte
Domine Beatrici fpectabant et pertinebant ex donacione fibi facta de eifdem a dicto quondam Domino Domino Matheo de Monderiis dum viveret; de quibus fex viginti fcutis auri
dictus Dominus folvit et tradidit fcilicet dicto Capitulo dicte Ecclefie fancti Genefii fexagin-
ta fcuta auri in folucionem et acquictacionem duarum libratarum panis et vini in quibus annuatim perfolvendis dictus Dominus Guillelmus dicto Capitulo tenebatur, & quinquaginta
fcuta auri Johanni du Deffens Carpentatori pro parte fui falarii & laboris de edifficando Hofpicium du Charriol dicti Domini Guillelmi ; et nichilominus dictus Dominus Guillelmus

Boulherii nuper folverit et tradiderit de dictis bonis adventiciis dicte Domine Beatrici uxori fue nobili quondam viro Domino Philiberto de Coignereu quondam Militi in folucionem debiti nuper fibi facti per eumdem Dominum Guillelmum fummam fexcentum francorum auri; prefertim dictus Dominus Guillelmus confitens dudum vendiderit dicto Domino Guillelmo de Monte-Revello patri dicte Domine Beatricis et fuis perpetuo, precio fex centum francorum auri fibi tunc folutorum, videlicet triginta libras feu libratas terre... quas idem Dominus Guillelmus confitens affidere et affignare promifit dicto Domino Guillelmo de Monte-Revello patri dicte Domine Beatricis ad opus fui et fuorum infra tempus et in locis modo et forma contentis et declaratis in licteris fuper dicta vendicione confectis; que quidem triginta libre feu librate terre nundum fuerant affeffe nec affignate, et in partem porcionem dicte Domine Beatricis cefferunt & devenerunt in divifione et partagio factis inter ipfam et Dominam Philippam Dominam de Beau-Semblant ejus fororem germanam de boni que fibi fororibus obvenerunt per mortem.... dictorum nobilium quondam et potencium virorum Dominorum Johannis et Ludovici de Monte-Revello quondam Militum quondamque fratrum germanorum dictarum fororum: pro ut hec omnia et fingula dictus Dominus Guillelmus Boulherii afferuit et in veritate coram dicto Notario confeffus fuit et recognovit. Et hodie dictus Dominus Guillelmus Boulherii fponte, fcienter ac provide, loco et in recompenfacionem dictarum duodecim librarum & decem folidorum redditus per dictum quondam patrem dicte Domine Beatricis eidem Domine Beatrici conftitutarum et poft modum per dictum Dominum Guillelmum venditarum et alienatarum ut eft dictum, et in recompenfacionem quarte partis & tocius juris eidem Domine Beatrici fpectantis et pertinentis in et de Caftris, Caftellaniis et Terris de Mainfat et Defpirat vendit eciam per dictum Dominum Guillelmum ut pffertur, in folucionemque et exoneracionem et perpetuam acquietacionem dictarum triginta librarum redditus per dictum Dominum Guillelmum Boulhier dicto quondam patri dicte Domine Beatricis, ut fuper dictum eft, venditarum, earumque affiete, affignacionis, proprietatis, perpetualitatis et annue folucionis et deffencionis earumdem, nec non loco et in recompenfacionem dictarum viginti quinque librarum cenfus feu redditus dicte Domine Beatrici per dictum quondam Dominum Ludovicum favore matrimonii ipforum et tempore contractus ejufdem in dotalicium et pro dotalicio dicte Domine Beatrici promiffarum et conftitutarum, affiete, affignacionis et annue folucionis earumdem, et eciam in folucionem et acquietacionem dictorum jocalium et ornamentorum ad dictos valores dictorum quatercentum francorum auri, dictorumque mille francorum auri dotalium fuperius declaratotum, et eciam fex viginti fcutorum auri que ex vendicione dictorum bonorum dicti Domini Mathei de Monderiis provenerant, nec non dictorum fexcentum francorum per ipfum folutorum dicto Domino Philiberto, modo, racione et mediis fuperius tactis, & pro gratis.... ferviciis, favoribus, amoribus, curialitatibus et aliis bonis et benefficiis quamplurimis fibi, ut afferuit, fepe et fepius factis, preftitis & impenfis a dicta Domina Beatrice uxore fua, et pro amore conjugali quem habet et gerit ad dictam ejus uxorem et tenetur aftrictus erga ipfam; pro premiffis omnibus et fingulis et in premium et remuneracionem eorumdem et tamquam bene-merito facta prius infinuacione qua convenit, donavit idem Dominus Guillelmus Boulhier donacione facta inter vivos, tradidit, ... et tranfportavit dicte Domine Beatrici uxori fue prefenti et recipienti, ut eft dictum, et fuis heredibus et fucefforibus mafculis ex dictis Domino Guillelmo et Domina Beatrice matrimonialiter procreatis et procreandis, et fucefforibus eorumdem perpetuo, videlicet terras fuas ipfius Domini Guillelmi quas habet in villis, jurifdicionibus et pertinenciis Tiherni et Caftriodonis, cum fuis hofpiciis,.... terris,.... cenfibus,.... et aliis juribus,.... pertinenciis et appendis dictarum fuarum terrarum Tiherni et Caftriodonis et ad ipfas fpectantibus et pertinentibus, nec non et viginti quinque libras feu libratas terre cenfus feu redditus, quas dictus Dominus Guillelmus Boulhier affidere et affignare promifit dicte Domine Beatrici ejus uxori et fuis heredibus et fucefforibus predictis ad et fecundum confuetudinem Patrie Alvernie, et de cenfibus, redditibus quos idem Dominus Guillelmus habet, tenet et percipit in et de terra fua du Charriol;.... item et totum jus et omnem accionem realem, perfonalem et aliam quamcumque, quod et quam.... dictus Miles habet, habebat, habereque poteft,... et que fibi competunt... in predictis donatis... et tranflatis et quolibet vel altero eorumdem: retentis tamen.... per dictum donatorem de voluntate et affenfu dicte Domine Beatricis ufusfruct et emolument omnium et fingulorum predictorum donatorum...., fuperius declaratorum, ad vitam ipfius Domini Guillelmi Boulherii et quamdiu.... vitam duxerit in humanis.... Et nichilominus idem Dominus Guillelmus Boulhier fuos fecit et conftituit procuratores generales et fpeciales nobiles Dominos Aubertum de Podio Dominum de Malomonte, Petrum Chauleti Dominum d Aulte-Ribe, et

Maſtivum Dominum de Merlia, Milites, et eorum quemlibet in ſolidum exhibitor preſencium.... In cujus rei teſtimonium, ad relacionem dicti norarii, ... hiis licteris preſentibus dictum quod tenemus Sigillum duximus apponendum, ſalvo jure Regio et quocumque alieno. Actum teſtibus hiis preſentibus Michaelle Boſchardi et Matheo de la Volta alias dos Bruneaux Parrochie ſancti Remigii, et datum decima ſexta die menſis Maii, anno Domini milleſimo quatercenteſimo viceſimo tercio.

N° X I.

Sans datte. Copié ſur l'original.

Nous Denis Puys Licencié en Loys, Juge de Fourez, a tous ceulx qui ces préſentes lectres verront ſavoir faiſons que pardevant Pierre Greſieu et Guillaume Bodun, Clers Notéres & Jurés de la Court de Fourez par nous à ce comis et députés; perſonnellement eſtablis NOBLES PERSONNES MESSIRE GUILLAUME BOLLIER SEIGNEUR DU CHARIOL, CHIVALIER, ET DAME BÉATRIX DE MONT-RAVEL ſa femme, à la auctorité dudit ſon mari, d'une part, et NOBLE HOMME ANTHOINE DE MONCHANU SEIGNEUR DE BEL-SEMBLANT, ESCUIER, MARI DE NOBLE DAME PHELIPE DE MONT-RAVEL ſeur germaine de ladite DAME BÉATRIX, en ſon nom et prenant en main et ſoy faiſant fort ſur la obligacion de tous ces biens meubles & immeubles préſens et advenir pour ladite Dame Phelipe, et promectant de luy fére agréer, conſentir & ratiffier toutes et ſinguliéres choſes ſi-aprés déclarées, et comme ſon procureur et ayent povoir quant à ce fundés per lectres de procuration ſouffiſant, deſquelles la teneur cy-deſſoubz eſt incorporée, d'autre part; leſdictes parties ſages & bien adviſées, de leur certaine ſcience, ... bon gré, franche et pure volunté, ont cogneu & confeſſé eſtre venües en acord, tranſaction, convenance et partage des choſes dont ſi-aprés ſera faicte mencion en la forme et maniére contenüe et déclarée en une cédule de laquelle la teneur s'anſuit : Comme deſbat fut meu entre NOBLES PERSONNES MESSIRE GUILLAUME BOLLIER SEIGNEUR DU CHARIOL, CHEVALIER, ET DAME BÉATRIX DE MONT-RAVEL ſa femme, à cauſe de ladicte Dame, d'une part, et NOBLE HOMME ANTHOINE DE MONTCHANU SEIGNEUR DE BEL-SEMBLANT ESCUIER, ET DAME PHELIPE DE MONT-RAVEL ſa femme, à cauſe d'icelle Dame Phelipe, d'autre part, ſur et pour occaſion de l'écheute et biens advenus ès dictes Dames par le décès de FEUX NOBLES HOMMES MESSIRES JEHAN ET LOYS DE MONT-RAVEL DIT HERMICTE, SEIGNEURS EN LEUR VIVANT DE LA FAYE, D'ARGENTAL ET DE PLUSIEURS AUTRES TERRES ET SEIGNOURIES ET BIENS MEUBLES, CHIVALIERS, FILS ET HÉRITIERS DE FEU MESSIRE GUILLAUME DE MONT-RAVEL DIT HERMICTE ET DE DAME PHELIPE DE FENEROUX SA FEMME, ET FRÉRES GERMAINS DES DICTES DAMES, deſquelles Seignories, Terres et biens une chacune d'icelles Dames diſoit et confeſſoit, dit et cognoit la moytié à elle appartenir, ycelles Dames pr paix et amitié entretenir entre elles comme droit eſt, par le moyen de pluſieurs de leurs parens et amis, ſont venues à diviſion, partage et acord des horreries et biens des diz leurs feux fréres en la maniére qui s'enſuit; c'eſt aſſavoir que à la part, porcion et partage de ladite Dame Béatrix ſont venus, appartiendront et demoreront à perpétuel à ſoi et ès ſiens les Chaſteaulx de la Faye, du Bruant, et la vigne de Corperie ſcéant et poſées au Pays d'Auvergne, les Chaſteaulx et Terres de Mezent, des Eſtables et le Péage du Malpas, eſtans et poſées au Pays de Lenguedoc, enſemble les... Juriſdicions, Juſtices, Fiefs et rére-Fiefz, ... Nobleſſes, collacions et drois de Patronage, et autres drois et devoirs quelxconques, eſtans des appartenances des diz Chaſteaulx, Terres et Seignouries de la Faye, du Bruent, vigne de Corperie, de Meſent, des Eſtables et de Malpas, et de leurs appartenances univerſales et ſinguliéres quelxconques; et à la part, porcion et partage de ladicte Dame Phelipe ſont, demoureront et appartiendront et ès ſiens à touſjours-mais les Chaſteaulx, lieux et Terres d'Argental et de Chaſtelbocz, ſcéant et poufés au Païs de Lenguedoc, Monperoux et Fenolx, et auſſi la Tour, plaſſe, jardin et hoſtel du lieu de Tihart, ſcéant et poſés au Païs d'Auvergne, enſemble les.... Juriſdicions, Juſtices, Fiefs et rére-Fiefz, ... Nobleſſes, collacions et drois de Patronages, et autres drois et devoirs quelxconques, eſtans des appartenances des dis Chaſteaulx, Terres et Seignouries d'Argental, de Chaſtelbocz, de Monperoux, Fenolx et de la Tour & hoſtel de Tihert, et de leurs dictes appartenances quelxconques. Et pour ce que la part et porcion et ſe qui eſt venu au partage de la dicte Dame Béatrix eſt de greigneur valeur quant ſera deſchargié de doére de ce qui eſt venu à la part et porcion de la dite Dame Phelipe, eſt accordé que ycelle Dame Béatrix ſoubſtiendra la charge des viccaries fundées par les dis feux Meſſires Jehan et Loys de Mont-Ravel et en tiendra quicte perpétuelement ladicte Dame Phelipe ſa ſeur et fadiête part jufques à la fomme de cinquante-deux livres tournois deües par an tant feulement, dont la moitié ladiête Dame Phélipe devoit paier.... Et d'autre part pour ce que lefdis lieux de la Faye et du Bruent font tenus en doére et les doit porter durant le cours de fa vie DAME JEHANNE DE GALLONNET FEMME DUDIT FEU MESSIRE JEHAN DE MONT-RAVEL ET A PRESENT FEMME DE MESSIRE GUICHART SEIGNEUR DE MONTAGU-LE BLAIN, duquel doére ladiête Dame Phélipe comme hérétiére par moitié dudit feu Meffire Jehan doit fouftenir moitié de charge, eft acordé que tant que ladiête Dame Jehanne de Galonet vivra et que ledit doére vendiquera fon lieu ladiête Dame Phélipe et les fiens payeront ung chafcun an à ladiête Dame Béatrix fa feur ou ès fiens la fomme de cent et quatre livres tournois le jour de Saint Julian et ou lieu de Thiart.... Et quant aux debtes, obligacions et chofes deües èsdiêtes Dames comme hérétiéres des dis feux Meffire Jehan et Loys, eft accordé que le debte de fept mille ducas à elle deu par le Roi de Chipre demorera à ladiête Dame Phélipe parmi ce que de ce qui en fera recouvré ladiête Dame Béatrix en aura dix ducas par cent ducas.... Quant à la collacion des viccaries fundées par les diz feux Meffire Jehan et Loys a efté dit.... que de celles qui ont été fondées par ledit feu Meffire Jehan la collacion et tout droit de Patronage ou autre appartiendra à ladiête Dame Béatrix et ès fiens, et de celles que a fondées ledit Meffire Loys la collacion et tout droit de Patronage ou autre appartiendra à ladiête Dame Phélipe.... Fera ledit Seigneur de Bel-Semblant les chofes deffus diêtes ratiffier.... et fur ce paffer Leêtres fur Seel autentique par ladiête Dame Phélipe dedans la Fefte de Penthecoftes prochain venant, et envoyera lefdiêtes Lectres de ratiffication dedans ledit temps à ladiête Dame Béatrix au lieu du Charriol.... Et avec ce ledit de Montchanu a promis de fére ratiffier et approuver les chofes contenües en ces préfentes à ladiête Dame Phélipe foubz Seel autentique au terme et par la maniére que dit.... (*La fin de cet Aête manque.*)

HUITIÉME DÉGRÉ.

GUILLAUME Boulier IV.ᵉ du nom, Chevalier, Seigneur du Chariol, qualifié (*) *noble & puiffant.*

Ahélis DE MÉSET fa femme.

Nº. XII.

Du 19 Août 1438. Copié fur une Expédition délivrée vers l'an 1480 ; à en juger par le caraêtére de l'écriture.

Contrat de mariage de Guillaume Boulier avec Ahélis de Méfet ou de Mézet.

A TOUS ceulx qui ces préfentes Leêtres verront et orront, Jehan Mafuer Licencié en Loix, Confelier et tenent le Seel de très excellent Prince Monfg.ʳ le Duc de Bourbonnois et d'Auvergne, Per et Chamberier de France, en Auvergne eftabli, et Pierre Brunel Lieutenant de noble homme et feage Meffire Pailhard Dulphé (**) Chevalier, Seigneur dudit lieu, Chaftellain de Tiern, falut. Savoir faifons que pardevant noufd. Lieutenant font venus NOBLES PERSONNES GUILLAUME BOULLIER ESCUIER, SEIGNEUR DU CHARRIOL, JEHAN, LERMITE ET BERNARD BOULIERS, FRÉRES DUDIT GUILLAUME, d'une part, et NOBLES PERSONNES MESSIRE ANTHOINE DE MÉSET CHEVALIER, SEIGNEUR DE SAINT BONNET ET DE COLANGES, ET DAMME AHÉLIS DE MÉSET FILHE DUDIT CHEVALIER, VESVE DE FEU MESSIRE JACQUES DE MUROL JADIS CHEVALIER, d'autre part ; difant que entrevenent le traêtié des amis communs defd. parties avoit efté pourparlé de contraêter fiançailles et célébrer mariage entre lefd. Guillaume Boulier Seigneur du Chariol et Dame Ahélips de Mézet, et que par faveur et contemplation dud. mariage lefd. Lermite et Bernard Boulliers fréres dud. Guillaume ratiffient et confirment le teftament de leur feu pére lequel inftitua fes héritiers univerfaulx en tous fes biens lefd. Guillaume et Jehan fes filz ainfnés, et lefd. Lermite et Bernard fes filz puifnés inftitua chefcun en vint livres d'annuelle

(*) Voyez fous le Dégré fuivant les Aêtes du 11 Juin 1471, n°. XIV, & du 1.ᵉʳ Septembre 1477, n.° XVI.

(**) C'eft d'Urphé ou d'Urfé.

pencion ; auſſi approvent et ratiffient leſd. Lermite et Bernard les diviſion et partaige faits entre leſditz Guillaume et Jehan , enſemble les. . .ceſſions. . .et tranſports par leſdits Lermite et Bernard faitz auſd. Guillaume et Jehan, leurs hoirs et ſucceſſeurs, de tout le droit, . . . part et porcion, auſd. Lermite et Bernard et cheſcun d'eulx. . . . appartenans en tous les biens meubles, inmeubles, paternelz et maternelz, deſd. fréres, ... et qui demourront du deccès de DAMME BÉATRIS DE MONTREVEL LEUR MÉRE , parmi paiant cheſcun an par leſd. Guillaume et Jehan auſd. Lermite et Bernard ſoixante livres d'annuelle pencion par le cours de leurs vies ſeulement et juſques ad ce que ſoient bénefficiés en Sainɛte Egliſe juſques à la ſomme de ſoixante livres ; més car leſd. Lermite et Bernard , combien que ſoient en eâge de puberté , touteffoix eſtoient ilz encores mineurs de vingt-cinq ans : par laquelle cauſe combien que la pluſpart de leur chevance fuſt aſſiſe au Païs couſtumier d'Auvergne il eſtoit expédiant de fére leſd. ratifficacion et confirmacion en entrepoſicion de décret et de pourveire auſd. Lermite et Bernard de curateurs pour les conſeillier ſur ce ; par laquelle cauſe par la délibéracion de Révérend Pére en Dieu Meſſire Erard de Chancelot Abbé de Thiern , Meſſire Jehan de Murolz Chevalier, Seigneur de Moiſſas, de lad. mére deſd. fréres , et de nobles hommes Rotbert Seigneur de la Baſtiſſe , Gérauld Seigneur de Chaſlus , Bouchard de la Foureſt Seigneur de Bulhon , Loys de Revel Seigneur de Condoignac , parens et amis d'iceulx fréres , pour ce préſens pardevant nous , auſd. Lermite et Bernard avons pourveu de curateur Parrin du Puy Seigneur de Maumond , lequel préſent pardevant nous a prins et accepté en ſoy la charge de lad. curatelle, promis et juré ſoy bien et loyalment gérer et comporter au fait de lad. curatelle quant à paſſer le préſent contrauɛt ; et auſquieulx Lermite et Bernard, et à leurd. curateur, avons donné et donnons par ces préſentes congié et licence de paſſer et ôɛtroyer leſd. ratifficacions , . . . ceſſions. . .et tranſportz, cy-amprès déclarées ; leſquieulx congié et licence par nous ainſi donnés, leſd. Jehan, Lermite et Bernard, et led. Seigneur de Maumond leur curateur , pardevant nouſd. Lieutenant et pardevant noz amés Pierre Courtaurel et Jehan Fournier féaulx Notaires de la Court de Riom , de nous dit tenent led. Seel à ce commis et auſquelz le commeɛtons par ces préſentes , perſonnellement eſtablis. . . . par faveur et contemplacion dudit mariage ont. . . . ratiffié et confirmé led. teſtament dud. feu pére deſd. fréres, inſtitucion un:verſalle par luy faiɛte aud. teſtamenr de tous ſes biens auſdiz Guillaume et Jehan , avec l'inſtitucion auſd. Lermite et Bernard faiɛte de leurſd. annuelles pencions à leurs vies ou juſques à ce que ſoient quollóqués et bénefficiés en Sainɛte Egliſe juſques à ladiɛte ſomme de ſoixante livres par an ; ont auſſi loué, apprové et ratiffié leſd. Lermite et Bernard et leur dit curateur leſd. diviſion et partaige comme dit eſt faitz entre leſd. Guillaume Boullier d'une part et Jehan Boullier d'autre, et les. . . . ceſſions. . . . et tranſportz par leſd. Lermite et Bernard et cheſcun d'eulx faitz auſd. Guillaume et Jehan et cheſcun d'eulx, leurs hoirs et ſucceſſeurs, de tout le droit, ... part et porcion auſd. Lermite et Bernard et chécun d'eulx. . . . appartenenz en tous les biens paternelz et maternelz deſd. fréres, meubles, inmeubles, ... et autres quieulxconqués que paravant leſd. partaiges, ... ceſſions . . . . et tranſportz, eſtoient ou pouvoient eſtre ditz communs entre leſd. fréres , en poiant par leſd. Guillaume et Jehan auſd. Lermite et Bernard lad. pencion par an de ſoixante livres à leurs vies ou juſques ad ce que ſoient pourvez en Sainɛte Egliſe juſques à lad. ſomme de ſoixante livres, comme plus à plain eſt déclaré au contrauɛt fait ſur leſd. diviſion et partaige , quiɛtances , rémiſſions et tranſpors, et conſtitucions deſd. pencions, receu par Maiſtre Jehan Fornier Notaire de la Court de Tihern le vint-quatrieſme jour du mois de Juing darniérement paſſé ; leſquelles ratifficacion , ... ceſſions. . . . et tranſpors, ainſi faitz, leſd. Guillaume Boullier Seigneur de (*) Chariol, pour ſoy, ſes hoirs et ſucceſſeurs, d'une part, et leſd. Meſſire Anthoine de Mézet Seigneur de Saint Bonnet et de Colanges, et Damme Ahélis de Méſet ſa filhe veſve dudit feu Jacques de Murol, perſonne de ſon droit, ... pour eulx, leurs hoirs et ſucceſſeurs, d'autre part, perſonnellement eſtabliz comme deſſus, de leur bon gré. . . . et libére volenté ont confeſſé. . . . leſdiɛtes parties et cheſcune d'elles. . . . que entrevenent le traɛtié des parens et amis communs deſd. parties, de leur volenté et conſentement a eſté pourparlé de fére fiançailles et célébrer mariage au nom de Dieu en face de Sainɛte Egliſe entre leſd. Guillaume et Damme Ahélis de Mézet, et que au pourparlé dud. mariage lad. Damme Ahélis a donné et conſtitué aud. Guillaume Boullier et ès héritiers de lad. Dame Ahélis en dot et chancellé d'icelle Damme Ahélis tous et quieulxconques ſes biens, meubles, inmeubles, noms, debtes, aɛtions, quelque part qu'ilz ſoient. Item et au cas que led. Meſſire Anthoine de Mézet pére de mad. Damme Ahélis treſpaſſera

---

(*) Ainſi dans l'Aɛte. Plus haut on lit *du Chariol* & *du Charriol.*

fans enfans mafle ou mafles ou fans defcendans de mafles procrés en loyal mariage , aud. cas et chefcun d'eulx led. Meffire Anthoine par faveur et contemplacion dud. mariage fait , ordonne et inftitue lad. Damme Ahélis fa filhe fa héritiére univerfale en tous et quelxconques les biens qui demoreront du deccès dud. Meffire Anthoine , parmi ce que par ce ne foit fait préjudice aud. Seigneur de Saint Bonnet qu'il ne puiffe fére de fes biens à tout fon bon pléfir. Item et au cas que audit Meffire Anthoine ne furvivront filz , ung ou plufieurs, procréés en loyal mariage , aud. cas led. Meffire Anthoine inftitue lad. Damme Ahélips fa filhe , fe elle le furvit, fa héritiére en précipuité et envantaige de fes autres filhes en fes Chaftel , Terre , chevance, Juridicion et Juftice de Saint Bonnet , c'eft affavoir en tout ce qu'eft comprins dedans lad. Juridicion et Juftice de Saint Bonnet feulement ; et au furplus de fes autres biens, Terres et chevances , lad. Damme Ahélips, enfemble les autres filhes dud. Meffire Anthoine , lui fuccéderont par égaulx pourcions. Item a efté oultre accordé et enconvenancié entre lefd. parties que fe ROUBINET DE MUROL FILZ DE LAD. DAMME AHÉLIS DE SOND. PREMIER MARIAGE furvit fad. mére, led. Roubinet amprès le deccès de fad. mére fera Seigneur defd. Chaftel , Terre et chevance , Juridicion et Juftice de Saint Bonnet , c'eft affavoir de tout ce qu'eft comprins dans lad. Juridicion et Juftice feulement : lefquelles chofes led. Seigneur de Saint Bonnet aud. cas donne et tranfporte audit Robinet et ès defcendans de luy perpétuélement en précipuité et envantaige des autres enfans dud. feu Meffire Jacques de Murol; et fera tenu led. Robinet pourter le nom et les Armes dud. Seigneur de Saint Bonnet : les Notaires à ce perfonnes publiques de la volunté et confentement dudit Seigneur de Saint Bonnet cefte donacion et convenance pour led. Robinet recevans et ftépulans. Item oultre a efté accordé et enconvenancié entre lefd. parties que lefd. Seigneur du Chériol(*) et Damme Ahélis fe tiendront avec LE SEIGNEUR DE LA GASTINE ONCLE DE LADITE DAMME AHÉLIS de l'affiéte et payement de foixante livres de rante ou revenue par MADAMME SOUVERANE DE SAINT AIGNAN DAMME DE SAINT BONNET , MÉRE DE LAD. AHÉLIPS , au contrauct de mariage de lad. Damme Ahélips et dud. feu Meffire Jacques de Murol, conftituées en dot à icelle Damme Ahélis , parmi ce que led. Meffire Anthoine délivrera le double des lectres aud. Seigneur du Chariol, les lectres par lefquelles led. Seigneur de la Gaftine eft tenu et obligé à faire lad. affiéte et paiement defd. foixante livres en rante ou revenue , en demourront lefd. Seigneur et Dame de Saint Bonnet quictes envers lefd. Seigneur du Chériol (*) et Damme Ahélis , et auffi fera tenu le dit Seigneur de Saint Bonnet bailler et adminiftrer au dit Seigneur du Chériol et Damme Ahélis toutesfoix que befoin leur fera le contrauct ou double du mariage de Damme Ahélips et dud. feu Meffire Jacques de Murol, pour eux en aider en Jugement et dehors. Item à ce contract a efté préfent et perfonnellement eftablie mad. Damme Béatris de Montrevel mére dud. Seigneur du Charriol , laquelle...... par faveur et contemplacion dud. mariage s'eft defpartie et defpart de toutes donacions et contrauct perpétuelz et à vie faitz à fon proffit fur les Terres et chevances de fefd. enfans , quicte et tranfporte aud. Seigeur du Chariol fon filz préfent et ftipulant pour luy, fes hoirs et fucceffeurs , perpétuélement , tout le droit et action à elle compétens et appartenens par donacion faicte entre vifz , légatz ou autres contractz perpétuelz et à vie, ès lieux et Terres du Chariol , de Chaftelladon et de Tihern , leurs territoires et appartenences , appendences et deppendences , fauve et refervé à lad. Damme Béatris fon dot, mariage et douayre à elle appartenens fur les chevances du Charriol et de Chaftelladon , et auffi fes meubles et les conqueftz qu'elle y a ou pourra avoir au temps advenir. Item a efté enconvenancié entre lefd. parties que au cas que lad. Dame Béatris ne fe pourroit compatir ou ne vouldroit demourer avec led. Guillaume fon filz et lad. Damme Ahélis , ou que ilz ne fe pourroient compatir ou demourer avecques elle , ou dit cas lad. Damme Béatris tiendra , joyra et exploictera par douayre et autres fes droitz fa vie durant feulement l'Ouftel, Terre et chevance de Thiern , avec fes droitz , appartenences , appendences et deppendences , lequel douayre finé l'ufuffruit fera confolidé à la propriété et appartiendra au dit Guillaume fon filz. Item et au cas que led. mariage célébré par paroles de préfent lad. Damme Ahélis furvivra led. Seigneur du Chariol , aud. cas led. Seigneur a donné , promis et conftitué en doayre à lad. Damme Ahélips fa vie durant feulement , ait y enfans ou non , foixante livres de prinfe ou revenue , à les affeoir et affigner par les héritiers dud. Seigneur du Chariol à icelle Damme Ahélis , encontinent le cas advenu, fur.... la Terre et chevance de Chaftelladon , et les lui peier chefcun an jufques à ce que l'affiéte fera faicte ; avec ce luy a plus conftitué en douaire ung des Hoftelz que led. Seigneur du Chariol a aud. lieu de

(*) Ainfi écrit dans l'Acte en cet endroit.

Chaſtelladon, au choìs de lad. Damme Ahélips, lequel Houſtel ne ſera point compté en l'aſſiéte.... Et ont promis leſd. Lermite et Bernard et juré.... eulx venus à l'eâge de vint-cinq ans ratiffier.... ce préſent contrauct tant qu'il touche leſd. Lermite et Bernard, en octroier lectres de lad. Court aud. Guillaume Boulhier Seigneur du Chariol leur frére;.... et ſemblablement l'a promis leur dicte mére, prenant en main pour leſd. Lermite et Bernard, le leur fére.... ratiffier.... En teſmoign deſquelles choſes nous tenent led. Seel dud. Monſeig. le Duc, à la relacion deſd. Notaires,.... préſens ad ce Maiſtre Pierre Beſſon Procureur en la Ville et Terre de Louzoux pour Révérend Pére en Dieu Monſeig. l'Eveſque de Clermont Seigneur deſd. lieu et Terre de Louzoux, lequel a preſté la place à nouſd. Lieutenant dud. Monſg. le Chaſtelain pour tenir ſiége et entrepouſer leſd. auctorité et décret, Religieuſe Perſonne Meſſire Jehan de Larcre Prieur de Salmat, Jehan de la Peyroze Chanoine de Tihern, nobles hommes Jehan de Saint Purghe, Amblardon de Ciſternes Sg. du Cheyris, Girbert de Gans, Eſcuiers, Meſſire Pierre Louzoux Chanoine de Brioude et Curé de Louzoux, Meſſire Hugues Grimauld Chanoine de Vertbeyſon et Curé de Saint Bonnet, et pluſieurs autres, auſquieulx Notaires....nouſd. tenent le Seel adjouſtons plainne foy, iceluy Seel nouſd. Lieutenant dud. Monſg. le Chaſtellain le Seel de la Court de la Chaſtellenie de Tihern avons fait mectre à ces préſentes, faictes et octroyées en lad. Ville de Louzoux le mardi dix-noviefme jour du moys d'Aouſt.... l'an mil quatre cens trente-huit. (*Signé*) Courtaurel, des notes de feu Maiſtre Pierre Courtaurel jadiz mon ayeul, Notaire de lad. Court, (*et ſcellé*).

N.º XIII.

Du vendredi 12 Août 1456. Copié ſur l'original.

A TOUS ceulx qui verront et orront ces préſentes Lectres, Jehan de Forges Secretére du Roy noſtre Sire et tennant le Seel Royal de la Court et Chancellerie des exempcions d'Auvergne à Cucy en Auvergne eſtably, ſalut. Savoir faiſons que pardevant noſtre amé et féal Guillaume Verennat Clerc Notaire Juré de ladite Court et le noſtre, auquel quant à oir et recevoir en lieu de nous les choſes ès préſentes Lectres contenües et déclerées nous avons commis noz voix, force et povoir, NOBLE SEIGNEUR MESSIRE GUILLAUME BOULLIER CHIVALIER, SEIGNEUR DU CHARIOL, aujourduy date des préſentes a bailhé la nommée et dénombrement à noble et puiſſant Seigneur Philipes de Vienne Seigneur de Lyſtenoix, aù nom et comme procureur de noble et puiſſant Seigneur Meſſire Charles de Merlo Chivalier, Seigneur de Saint Brys, et de Dame Yzabeau de Montagu ſa femme, mére de mond. Seigneur de Lyſtenoix, et Seigneurs de Chaſtelledon, à cauſe d'elle, de tout ce que mondit Seigneur du Chariol tient de madite Dame à cauſe du Chaſtel, Terre et Seigneurie de Chaſtelledon; laquelle nommée ou dénombrement eſt de date du jeudi premier jour de May l'an mil quatre cens cinquante et cinq.... Et a juré par.... ſerement,.... préſens mond. Seigneur de Lyſtenoix recevant, acceptant et ſtipullant, lad. confeſſion et octroy, enſemble toutes les choſes ès préſentes Lectres contenües et déclerées, pour meſd. Seigneur et Dame tenir,.... obſerver et aconplir les choſes deſſuſd.... En teſmoing deſquelles choſes deſſuſd., à la relation dud. Notaire.... auquel.... adjoſtons plainiére foy, nous Chancellier deſſuſd. avons fait mectre et appoſer à ces préſentes Lectres led. Seel Royal que nous tenons,... paſſées.... en la préſence de Pierre Bréchard Eſcuyer, Seigneur de Beauvoir, et Jehan du Puy Eſcuyer, Seigneur de Maumont, et données le vanredi douziefme jour du moys d'Aouſt l'an mil quatre cens cinquante et ſix. (*Signé*) G. Verennat.

NEUVIÉME DÉGRÉ.

PIERRÉ Boulier III.ᵉ du nom, aliàs du Chariol, Chevalier, Seigneur du Chariol & de Neyronde, qualifié *noble & puiſſant Seigneur.*

Catherine DE LA ROUE ſa femme.

&

ANTOINE (*) Boulier I.ᵉʳ du nom, dit du Chariol, (ſon frére puîné) Ecuyer, Seigneur Châtelain de Coulanges & du Vialard, Capitaine d'Uſſon, qualifié *noble & puiſſant homme*, & marié avec Agnès DE CRESTES.

N.º XIV.

Du 11 Juin 1471 (a). Copié ſur l'original.

UNIVERSIS preſentes Liċteras inſpeċturis, ... Bezardus de Leſtang Scutiffer, Dominus de Moratel, Conſiliarius et Magiſter Hoſpicii Domini noſtri Regis, ac tenens Sigillum regium olim in Terra et Bailliviatu Uſſonis apud Carniacum, nunc autem apud Celſiniàs in Arvernia conſtitutum, ſalutem in Domino. Noveritis quod coram dileċto noſtro Guillermo du Terme Clerico, fideli Notario Curie Cancellarie Celſiniarum jurato, ... perſonaliter conſtituta NOBILIS DOMINA DOMINA AHELIS DE MEZETO DOMINA CASTRI, CASTELLANIE ET DOMINII DU VIALAR, IN PATRIA ARVERNIE, RELICTA DEFFUNCTI NOBILIS ET POTENTIS DOMINI GUILHERMI BOLHIER ALIAS DU CHARIOT QUONDAM MILITIS ET DOMINI DICTI LOCI DU CHARIOT, nunc autem Domina ſui juris ac in nullius viri poteſtate exiſtens, prout ipſa Domina Ahelis per ſuum aſſeruit juramentum, ſponté..., in remunerationem... multorum.... ſerviciorum.... ſibi Domine Ahelidi de Mezeto, ut aſſeruit, ſepe...factorum.... per NOBILEM VIRUM ANTHONIUM BOLHIER ALIAS DU CHARIOT, SUUM ET DICTI QUONDAM DOMINI GUILLERMI BOLHIER FILIUM NATURALEM ET LEGITIMUM; .... hiis et aliis ex cauſis, ... eadem Domina Ahelis.... donavit.... diċto nobili Anthonio Bolhier alias du Chariot.... videlicet domum, Caſtrum et Caſtellaniam du Vilar (b) cum omnimoda juridicione et juſticia alta, media et baſſa....; que prediċta donata movent et tenentur de feudo franco Domini Uſſonis, ... eique donatrici.... obvenerunt conſtante matrimonio inter eam et DICTUM QUONDAM DOMINUM GUILHERMUM BOLHER (c) per deccesſum et ratione ſucceſſionis deffunċti NOBILIS ET POTENTIS VIRI DOMINI ANTHONII DE MEZETO MILITIS QUONDAM, DOMINI SANCTI BONETI, PATRIS IPSIUS DOMINE DONATRICIS, qui deccesſit diċto conſtante matrimonio (d).

N.º XV.

Du 19 Mars 1475. Copié ſur l'original.

A TOUS ceulx qui verront et orront ces préſentes Leċtres, Gaſpard de Bury Secrétére du Roy noſtre Sire et tennant le Seel Royal de la Court et Chancellerie des Exemptions d'Auvergne à Cucy en Auvergne eſtably, ſalut. Savoir faiſons que pardevant noz amés et féaulx Anthoine de Saignes et Eſtienne Lobiére Clertz, Notaires Jurez de lad. Court et les noſtres,

---

(*) C'eſt l'auteur de la ſeconde Branche.

(a) En marge de cet aċte (dont la fin, où étoit la date, n'exiſte plus) on lit *du* 11 *Juin* 1471 : ce qui s'accorde avec la même date 1471 écrite (il y a environ cent ans) ſur le revers du parchemin. Ce même aċte eſt énoncé auſſi ſous la datte du 11 *Juin* 1471 dans le Procès-Verbal des Preuves de Nobleſſe de D.ᵉˡˡᵉ Marguerite de Boulier (-du Chariol-) de Villeneuve, certifiées au Roi le 29 Oċtobre 1687 par Charles D'Hozier Juge d'Armes de France & Chevalier de l'Ordre de S. Maurice de Savoie, pour la réception de cette D.ᵉˡˡᵉ dans la Maiſon Royale de S. Louis à S. Cyr.

(b) (c) Ce nom eſt ainſi écrit en cet endroit de l'aċte.

(d) La fin de cet aċte n'exiſte plus.

aufquelz quant à oïr et recevoir en lieu de nous le contenu ès préfentes Lectres nous avons commis noz voix, force et povoir, perfonnellement eftably Jehan Bechet à caufe de Jehanne Boyére fa femme, voifve de feu Dalmas Farier, Pierre Barlet dit Farier filz dud. feu Dalmas Farier, et Ahélis Fariére feur dud. Pierre, parrochains de Buffet, lefquieulx... ont.... confeffé devoir et eftre tenus de paier et randre un chafcun an à NOBLE ET PUISSANT SEIGNEUR MESSIRE PIERRE BOULIER CHIVALIER, SEIGNEUR DU CHARIOL, à ce préfent, acceptant.... pour luy et les fiens à perpétuel, c'eft affavoir la quantité de trois quartes de faigle bon blé.... de cens et rante anuelle et perpétuelle en droit de directe Seigneurie, ufaige de Chivalier,... pour raifon et à caufe d'ung ténement.... affis en lad. Parroiffe de Buffet, en la Juftice de Tenant, appellé le ténement des Fariers,... movant du cens dud. Seigneur ;.... lefquelles trois quartes de faigle de cens anuel et perpétuel deffufd. lefd. confeffans ont promis foubz l'obligacion de tous leurs biens.... paier et randre un chafcun an à une chafcune Fefte de Saint Julien aud. Chivalier et ès fiens,... et conduyre au grenier dud. Chivalier, en fon grenier de Chaftelledon, tant que lefd. confeffans et les leurs feront tenementiers defd. héritaiges deffus confinés et déclerés;.... En tefmoing defquelles chofes deffufdites, à la relacion defd. Notaires...aufquieulx... adjoftons plainiére foy, nous Chancellier deffufd. avons fait meçtre et appofer led. Seel Royal que nous tenons à ces préfentes Lectres.... paffées.... en la préfence de honnorable homme et faige Maiftre Jehan Barnardin Licencié en Loix, Lieutenant de Thiert, Mathieu Danges Parrochain du Mayel, et données le dix et neufiefme jour du moys de Mars l'an mil quatre cens foixante et quinze. (*Signé*) A. de Saignes (*et*) E. Lobiére.

N.° X V I.

Du 1.er Septembre 1477. *Copié fur l'original.*

UNIVERSIS prefentes Licteras infpecturis et audituris, Bertrandus du Terme Domini noftri Francorum Regis Secretarius, (*) tenens Sigillum (*) olim in Terra et Bailliviatu Uffonis apud Carniacum, nunc autem apud Celfinias in Arvérnia, conftitutum, falutem in Domino. Noveritis quod coram dilecto (*) Guilhermo du Terme Clerico, fideli Notario Curie Cancellarie Regie Celfiniarum jurato a nobis ad hec omnia et fingula que fequuntur (*) et auctoritate noftris fpecialiter miffo et deftinato, et cui fuper hec conmifimus adhucque tenore (*),perfonaliter conftituta NOBILIS ET POTENS DOMINA DOMINA AHELIS DE MEZETO, FILIA ET HERES (*) DEFFUNCTI (*) DE MEZETO QUONDAM MILITIS ET DOMINI DE SANCTO BONITO, ET RELICTA DEFFUNCTI ECIAM NOBILIS ET (**) DOMINI DU CHARIOL, nunc autem Domina fui juris et in nullius viri poteftate conftituta, (*) afferuit juramentum, fponte fua, fcienter, gratis et provide, pro gratis, gratuitis (*) et aliis bonis et beneficiis quamplurimis fibi, ut afferuit, fepe et fepiffime factis, preftitis, (*) NOBILEM ET POTENTEM VIRUM ANTHONIUM BOLHIER EORUMDEM DOMINE AHELIDIS DE MEZETO ET QUONDAM DOMINI GUILLERMI BOLHIER FILIUM NATURALEM ET LEGITIMUM, aprobationes et alias declarationes quorum ferviciorum, amorum, favorum,.... et aliorum bonorum et beneficiorum predictorum, eadem Domina Ahelis dictum Anthonium ejus filium et fuos exoneravit et per prefentes exonerat, et voluit ac vult effe perpetuo exoneratos; et in eorumdem ferviciorum, amorum, favorum,.... et aliorum bonorum et beneficiorum predictorum.... recompenfacionem, ac amore filiali et affectione naturali quibus (*) erga dictum filium fuum materno amore aftricta, hiis et aliis ex cauffs.... eadem Domina Ahelis.... donavit.... ac tradidit vel quafi dicto Anthonio Bolhier filio fuo....et ipfius filii heredibus et fucefforibus, ac ab eo caufam, jus et actionem fuper hec habentibus et in futurum habituris, licet abfenti, pro eodem tamen Anthonio Bolhier et fuis dictis heredibus, fucefforibus et caufam ac jus habentibus et habituris perpetuo, donacionem hujufmodi ceteraque in prefentibus Licteris contenta omnia et fingula acceptantibus.... et folemniter ftipulantibus NOBILI VIRO GUIOTO BOLHIER FILIO ECIAM NATURALI ET LEGITIMO EORUMDEM DOMINE AHELIDIS ET QUONDAM DOMINI GUILLERMI BOLHIER, ET DICTI ANTHONII DONATARII FRATRE GERMANO, una cum Notario fupra et infra fcripto, quos Guiotum et Notarium.... dicta Domina Ahelis confeffa fuit effe veros et ydoneos procuratores dicti Anthonii Bolhier et ab eodem fuper hec mandatum habere fpeciale ; donavit inquam eadem Do-

---

(*) L'acte eft ufé en cet endroit.

(**) L'acte eft effacé en cet endroit ; mais il eft aifé de juger par ces mots *nobilis et* qu'on devoit lire enfuite *potentis viri* ou *potentis Domini* &c.

mina Ahelis dicto Anthonio Bolhier et fuis perpetuo videlicet Caftrum fuum, locum et Caftellaniam de Colongis, in Patria confuetudinaria Arvernie fituatum, cum Caftri, loci et Caftellanie hujufmodi juridictione et Jufticia alta, media et baffa, domibus, ... Feudis, ... nemoribus, terris, ... cenfibus, redditibus, decimis, ... et aliis.... juribus ad Caftrum, locum et Caftellaniam hujufmodi Colongiarum pertinentibus; ... non intendens eadem donatrix per hujufmodi donationem difcedere a quibufcumque aliis donationibus.... alias per ipfam dicto donatario.... factis, fed illas per iftam confirmare et ratifficare, prout et per prefentes ratifficat et confirmat.... Retinuit tamen dicta donatrix in hujufmodi donacione.... ufusfructus et emolumenta predictorum donatorum ad curfum vite ipfius donatricis tantum.... In quorum premifforum teftimonium, ad relacionem dicti Notarii, ... hiis prefentibus Licteris dictum quod tenemus Sigillum duximus apponendum. Actum teftibus hiis prefentibus Magiftris Petro Fabre Procuratore Nonnete, Johanne Chambon de Brolio, et Michaele Nizes de Sancto Germano Ambronii Notariis, et datum die prima menfis Septembris anno Domini millefimo quadringentefimo feptuagefimo feptimo. (*Signé*) G. du Terme.

N.° XVII.

Du 7 Avril 1480. Copié fur l'original.

A TOUS ceulx qui ces préfentes Lectres verront et orront, Gafpard de Buryn Efcuyer et tennant le Seel Royal de la Court et Chancellerie eftablys aux contractz à Cuffet, falut. Coume difcord et debbat fuft mehu et greigneur fut en efpérance de mouvoir entre noble et puiffant Seigneur Meffire Jehan de Vienne Chivalier, Seigneur de Liftenoiz, et Madame Anne de Vienne fa feume, Seigneurs de Chaftelledon, d'une part, et NOBLE HOUME MESSIRE PIERRE BOULLIER CHIVALIER, SEIGNEUR DU CHARIOL, d'autre part, fur ce que mond. Seigneur du Chariol difoit qu'il eft Seigneur dixmier du vinoble de Chaftelledon et qu'il a dixme limitée et inféodée, et qu'il tient en Fiefz de mefd. Seigneur et Dame, et partant eft fondé de droit coume couftumier; ... mefd. Seigneur et Dame difans au contraire.... qu'ilz ne devoient aucune dixme de leurs demaines et que partant les vignes qu'ilz avoient fait de nouvel ne bailhées dE leurd. demayne ne devoient point de dixme, et ainfi en avoit efté joy et ufé par leurs prédecceffeurs, mefmement avoient leur clouz ancien affis et fient au terreur de Fontarbin, duquel il ne poioit ne avoit acouftumé payer aucune dixme; ... favoir faifons que pardavant noftre amé et féal Eftienne Lobiére Clerc, Notaire Juré de lad. Court et le noftre, ... perfonnellement eftablys en leurs perfonnes mond. Seigneur de Liftenoys et mad. Dame fa feume.... d'une part, et mond. Seigneur du Chariol pour lui et les fiens perpétuellement, d'autre part, lefd. parties...., ont cogneu et confeffé, et par ces préfentes Lectres cognoiffent et confeffent, defd. difcord et debbat avoir tranfigé.... en la maniére qui s'enfuit: c'eft affavoir que *&c.*.... En tefmoing defquelles chofes deffufd. nous tennant led. Seel Royal, à la relacion dud. Notaire, ... ledit Seel que nous tenons à ces préfentes Lectres que font doubles.... avons fait mectre et appofer, ... paffeez ... en la préfence de noble houme Phelipes Terrié Chivalier, Seigneur de Chappes et Bailly des Terres (*) Montagu, Liftenoys, Maiftre Jacques Apchier Licencié en Loix, Lieutenant Général aud. Bailliage, Anthoine de Saignes Garde des Seaulx defd. Terres (*) Montagu, Liftenoys, Pierre Véronnat auffi Licencié en Loix et Lieutenant en la Chaftellenie de Montgilbert et du Breulh, et Advocat Fifcal de mond. Seigneur de Liftenoys, Guillaume Véronnat Procureur dud. Chaftelledon ; et donné le feptiéme jour du moys d'Avril l'an mil quatre cens et quatre-vingtz. (*Signé*) E. Lobiére ainfi.

N.° XVIII.

Du 3 Août 1492. Copié fur l'original.

A TOUS ceulx qui ces préfentes Lectres verront et orront, Morinot Roffin Efcuier, Seigneur de la Grange, Garde et tenent le Seel pour Très Exellent et Puiffant Prince Monfeigneur Pierre Duc de Bourbonnoiz et d'Auvergne, Per et Chamberier de France, en la Prevofté de Nonnette en Auvergne eftably, falut. Sçavoir faifons que pardevant noftre amé Anthoine Charenton Notaire dud. Seel Juré, et de nous quant à oyr et recepvoir les

---

(*) Ainfi dans cet acte où le mot *de* eft omis.

chofes qui s'enfuivent commis et deftiné, perfonnellement eftablys NOBLE HOUME ANTHOINE BOULHER DIT DU CHARIOL, SEIGNEUR DE COLONGES ET DU VIALAR, pour foy et les fiens, d'une part, et Jacme Peuch dud. lieu de Colonges, auffi pour foy et les fiens, d'autre partie; lefquelles parties.... ont.... recogneu avoit fait entre elles les veftizon et chofes qui s'enfuivent: c'eft affavoir que led. Seigneur de Colonges de nouvelle veftizon et perpétuel ténement a baillé et deflivré aud. Jacme Peuch, et ès fiens à perpétuel, c'eft affavoir ung fien champ et pafturaige.... au cens annuel de cinq cartons froment, mefure de Brioude, cenfuelz et reddituelz en tout droit de directe Seigneurie quant muaiges y adviendront; lequel cens a promis poier dorefenavant ung chafcun an à la Fefte Sainct Juillen tant qu'il fera defd. champ et pafturaige tenencier AUD. ESCUIER et ès fiens.... En tefmoing defquelles chofes, et à la relation dud. Notaire,.... nous.... à ces préfentes Lectres doubles au prouffit.... de chafcune desd. parties avons mis et appofé led. Seel que nous tenons. Fait et donné, préfens à ce par tefmoings difcrétes perfonnes Maiftres Anthoine du Rif et Auftremoine Apchon Notaires, le tiers jour d'Aouft l'an mil quatre cens quatre-vingtz et douze. (*Signé*) A. Charenton; foient rendues aud. Seig.ʳ de Colonges ces préfentes.

N.° XIX.

Du 16 Novembre 1492. *Copié fur l'original.*

A TOUS ceulx qui ces préfentes Lectres verront et orront, Jehan Brun en chafcun Droit Bachelier, Chanoine de l'Efglife Monfeigneur Sainct Juillen de Brioude, et tenent le Seel de la Court féculiére et Conté de Brivadoiz pour le vénérable Chappitre de lad. Efglife, falut. Sçavoir faifons que pardevant noftre amé Anthoine Charenton Notaire dud. Seel Juré, et de nous quant à oyr et recepvoir les chofes qui s'enfuivent commis et deftiné, perfonnellement eftablys NOBLE HOMME ANTHOINE BOULHER DIT DU CHARIOL, SEIGNEUR DE COLONGES ET DU VIALAR, pour foy et les fiens, d'une part, et Bertrand Chidrac dud. lieu de Colonges, auffi pour foy et les fiens, d'autre partie; lefquelles parties.... ont.... recogneu avoir fait entre elles les chofes qui s'enfuivent: c'eft affavoir que LED. ESCUIER de nouvelle veftizon *in emphiteofim* et perpétuel ténement a baillé... aud. Bertrand Chidrac et ès fiens à perpétuel ung fien champ fitué au terroir du Verdier,.... au cens annuel d'une carte froment, mefure de Brioude, cenfuéle et reddituéle en tout droit de directe Seigneurie; lequel cens led. Chidrac ou les fiens feront tenuz poier à mond. Seigneur ou ès fiens dorefenavant ung chafcun an à la Fefte Sainct Juillen tant qu'il fera dud. champ tenencier;.... En tefmoing defquelles chofes et à la relation dud. Notaire.... nous....à ces préfentes Lectres doubles.... avons mis et appofé led. Seel que nous tenons. Fait et donné préfens à ce par tefmoings Maiftre Auftremoine Apchon Notaire, Jehan et Guillaume Marges pére et filz, le feiziefme jour de Novembre, l'an mil quatre cens quatre-vingtz et douze. (*Signé*) A. Charenton, foient ces préfentes rendues aud. Seig.ʳ de Colonges.

N.° XX.

Du 11 Octobre 1514. *Copié fur une expédition du temps valante original.*

A TOUS ceulx qui ces préfentes Lectres verront et orront, Alain du Terme Bachelier en Loix, Garde et tenent le Seel pour le Roy noftre Sire aux contractz à Charnhac en Auvergne eftably, falut. Comme NOBLE HOMME ANTHOINE DU CHARIOL SEIGNEUR DE COLANGES ET DU VIALAR dès le dixiefme de Septembre l'an mil cinq cens et deux ait fait donnation.... à MESSIRE JACQUES DU CHARIOL CHIVALIER, SON FILZ EISNÉ NATUREL ET LÉGITIME, en avantaige de fes autres enfans, de lad. Seigneurie et Chaftellanie du Vialar, avec les Juftice, cens, rentes, dixmes, doumaines, droitz et devoirs.... deppendans de lad. Seigneurie et à caufe d'icelle, retenu et réfervé par icelluy Seigneur de Colanges donnateur à luy l'ufuffruit et joyffance de lad. Seigneurie,.... comme à plain eft contenu ès Lectres de lad. donnation fur ce faictes et paffées par Maiftre Aftremoine Apchon Notaire, foubz le Seel Royal receües; deppuis, et le treiziefme de Fevrier l'an mil cinq cens et cinq, aux traictié et contract du mariage dud. Meffire Jacques du Chariol Chivalier et de FEUE DAME MARGUERITE DE CHASTEAUNEUF EN SON VIVANT SA CONSORTE, et en faveur d'icelluy mariage led. Seigneur de Colanges ait ratiffié.... lad. donnation par luy faicte de lad. Seigneurie du Vialar avec fes droitz et appertenences quelzconques au prouffit dud. Chivalier fon filz; et d'abondant ait donné aud. Chivalier fon filz, par les caufes fufd. et *afin qu'il peuft mieulx et plus honnorablement supporter et entretenir les charges dud. mariage & de Chevallerie*, lad. Seigneurie du Vialar avec sesd. droitz et appertenences : retenu et réservé sur icelle le dohére que DAMOISÉLE AGNÉS DE CRESTES SA FEMME y avoit;..... et oultre ait donné audit Chivalier son filz...... en avantaige de ses autres enfans lad. Seigneurie et Chastellanie de Colanges avec ses Chastel, Justice, cens, rentes, dixmes, dommaines, droitz, appertenences et deppendences, ensemble tous ses autres biens;...... réservé... par icelluy donnateur.... l'usuffruit et joyssance desd. Seigneuries de Colanges, du Vialar et autres biens par luy dessus donnés, par led. cours de sa vie ;...... retenu aussi par icelluy Anthoine du Chariol donnateur qu'il peust faire et disposer...... desd. biens donnés jusques à la somme de deux cens escutz d'or, et aussi du dixme appellé de Bordéles et des terres qu'il avoit aud. terroir de Bordéles et ès terroirs de Champcressial et de Montecle zet ; et au cas que en sa vie il n'en auroit autrement valablement disposé au prouffit d'autres, lesd. deux cens escutz, dixme et terres dessus retenus et déclairés, ... appertiendroient aud. Chivalier son filz et ès siens à perpétuel, à la charge... que icelluy Chivalier donnataire seroit tenu aprés led. trespas dud. donnateur son pére poyer.... chascun an de pention annuéle à ANTHOINE DU CHARIOL BACHELIER EN LOIX, LORS ESTUDIANT EN L'UNIVERSITÉ D'ORLÉANS, A PRÉSENT CHANOINE DE BRIOUDE, FILZ DUD. SEIGNEUR DONNATEUR, la soume de trente livres tournois jusques ad ce qu'il seroit pourveu en l'Esglise de la soume de soixante livres tournois, à FRÉRE JEHAN DU CHARIOL COMMANDEUR DE SAINCT ANTHOINE, AUSSI FILZ DUD. DONNATEUR, la soume de quinze livres tournois de pention annuéle jusques ad ce qu'il seroit pourveu en l'Esglise de la soume de trente livres, à DAME JEHANNE DU CHARIOL RELIGIEUSE D'ESTEIL, et à DAMOISÉLE ANNE DU CHARIOL laquelle led. Seigneur de Colanges donnateur entendoit aussi faire Religieuse, FILLES DUD. SEIGNEUR DE COLANGES, pour leurs pentions annuéles, à chascune d'elles tant que vivront, la somme de dix livres tournois, ... pour tout le droit, action, part, pourtion, ... et autre droit de hoirrie et succession, ... que lesd. Anthoine, Jehan, Jehanne et Anne du Chariol, fréres et seurs, pourroient avoir èsd. Terres.... et succession dud. Seigneur de Colanges leur pére, desquelz icelluy Seigneur de Colanges vouloit qu'ilz fussent privés.... au prouffit dud. Jaques son filz moyennant les choses dessusdites ; aussi à la charge de payer par icelluy Chivalier tous les debtes faitz et deuz dèslors par icelluy Seigneur de Colanges son pére : soubz les pacte et convenance sur ce faitz, que au cas que icelluy Chivalier yroit de vie à trespas sans enfans masles descendans dud. mariage ou d'autre d'icelluy Jaques Chivalier, ou que aprés lesd. enfans masles trespasseroient sans descendans et qu'il ne y auroit que filles descendues dud. Jaques ou de sesd. descendans, en ce cas lesd. Terres, Seigneuries et biens donnés par led. Seigneur de Colanges aud. Chivalier son filz adviendroient.... aud. Anthoine du Chariol frére dud. Chivalier si lors estoit en vie, sinon à ses enfans masles, ... en mariant par eulx lesd. filles dud. Chivalier honnorablement *selon l'estat des Maisons des parties ;* et s'il ne y avoit aucuns enfans dud. Chivalier qui demeurassent en vie aprés luy ou trespasseroient sans descendans aprés icelluy Chivalier, lesd. biens donnés... appertiendroient aud. Anthoine du Chariol et à ses descendans; ... comme ces choses et autres plus à plain disoient estre contenües au contract dud. mariage par Anthoine Charenton Notaire Royal soubz escript et Bernard Astier aussi Notaire Royal au Pays de Vélay lesd. jour et an receu; et soit ainsi que deppuis, et le vingt-cinquiesme de Juing mil cinq cens et treize, icelluy Seigneur de Colanges en rémunération des services à luy faitz par led. Anthoine du Chariol Chanoine de Brioude son filz..... ait donné aud. Anthoine son filz led. dixme appellé de Bordéles qu'il avoit retenu pour en disposer aud. contract de mariage, ensemble ung champ assis ès appertenences de Sainct Germain au terroir de la Plaigne,... plus ung autre champ assis èsd. appertenences au terroir de la Peyrefichade,........ lesquelz champs icelluy Seigneur de Colanges avoit acquis deppuis ledit contract de mariage, retenu par icelluy Seigneur de Colanges donnateur à luy l'usuffruit et joyssance desd. dixme et champs donnés, par le cours de sa vie, comme à plain ce disoient estre contenu ès Lectres de lad. donnation par led. Maistre Astremoine Apchon soubz ledit Seel Royal receües ; et pour ce que lesd. Anthoine et Anne du Chariol frére et seur prétendoient..... avoir leur...... légitime pourtion à eulx appertenant sur lesd. Seigneuries et biens donnés par led. Seigneur de Colanges leur pére aud. Chivalier son filz, et autres droitz que iceulx dits Anthoine et Anne prétendoient avoir... sur lesd. biens, sur ce espéroient procès mouvoir contre led. Chivalier donnataire leur frére; pour ce sçavoir faisons que aujourduy date des présentes, aud. lieu de Colanges, pardevant nostre amé Anthoine Charenton Notaire dud. Seel Royal Juré........ ont esté présens et personnélement establys led. Messire Jaques du Chariol Chivalier, pour luy, ses hoirs, successeurs et

ayans caufe d'eulx, d'une part, lefd. Anthoine du Chariol Chanoine de Brioude et Damoiféle Anne du Chariol, frére et feur dudit Chivalier, auffi pour eulx, leurs hoirs, fucceffeurs et ayans caufe d'eulx, d'autre partie ; lefquelles dites parties..... émancipées par
led. Seigneur de Colanges leur pére, comme à plain appert par l'acte d'émancipation
fur ce faicte, la teneur de laquelle eft cy-après.... inférée, de leur bon gré.... et
libére volenté, comme bien...... confeillées de leurs droitz, ainfi que ont dit, dud.
procès et différent eftant ou que pourroit eftre pour l'advenir entre lefd. fréres et feur,
parties fufdites, pour raifon dud. droit de légitime et autre droit prétendu avoir et queréler
par lefd. Anthoine et Anne fur lefd. Seigneuries et biens donnés par led. Seigneur de
Colanges leur pére audit Chivalier leur frére, pour obvier à fraiz et au dobteux évé-
nement du procès qui s'en pourroit enfuyvre, et afin d'avoir et entretenir entre elles
bonne fraternité, union et amitié, par le traictié, confeil et advis dud. Seigneur de Colanges leur pére, honnorable homme et faige Maiftre Eftienne Fabre Licencié en Loix,
ad ce préfens, et autres leurs Confeillers, avoient... par ces préfentes... tranfhigé,....
c'eft affavoir que pour tout led. droit de légitime,..... droit et action..... appertenant..... èfd. Anthoine et Anne du Chariol frére et feur..... à préfent ou après
le deccez dud. Seigneur de Colanges leur pére èfd. Seigneuries et biens donnés par
icelluy Seigneur de Colanges aud. Chivalier fon filz, deffus déclairés, icelluy Meffire
Jaques du Chariol Chivalier, du confentement dud. Seigneur de Colanges fon pére,
a..... tranfporté et deflivré efd. Anthoine et Anne du Chariol fes frére et feur, et à
ceulx qui auront caufe et action d'eulx, lad. Seigneurie du Vialar, avec les Chafteau,
Juftice, cens, rentes,..... doumaines et autres droitz et devoirs...... deppendans de
lad. Seigneurie du Vialar, retenu aud. Seigneur de Colanges pére led. ufuffruit par le cours
de fa vie et auffi à lad. Damoifelle Agnès de Creftes led. dohére qu'elle a fur icelle Seigneurie du Vialar;..... à la charge de poyer par lefd. Anthoine et Anne, frére et feur,
...... c'eft affavoir à DAMOISÉLE ANTHOIGNÉTE DU CHARIOL CONSORTE DE NOBLE
HOMME GLAUDE DE CHAVANHAT SEIGNEUR DUDIT LIEU, LEUR SEUR, la fomme de trois
cens livres tournois en déduction de la doct luy conftituée par led. Seigneur de Colanges
fon pére, et en acquiter led. Chivalier leur frére,..... et pareillement payer aud. FRÉRE
JEHAN DU CHARIOL RELIGIEUX DE SAINCT ANTHOINE, LEUR FRÉRE, lad. penfion annuéle
luy conftituée par led. Seigneur de Colanges fon pére, montant quinze livres tournois
par an, jufques ad ce qu'il fera pourveu et joyra en bénéffice de lad. fomme de trente
livres tournois; avec ce a icelle Anne quicté ledit Chivalier fon frére de lad. penfion
annuéle de dix livres à elle conftituée par ledit Seigneur de Colanges fon pére; comme
fi a auffi led. Anthoine quicté led. Chivalier fon frére de lad. penfion luy conftituée par
led. Seigneur de Colanges fon pére , montant trente livres tournois par an; et néantmoings
lefd. Anthoine et Anne du Chariol, moyennant ce que deffus, ont... cédé... et tranfporté aud. Meffire Jaques du Chariol Chivalier, leur frére, led. droit de légitime et tout
autre droit et action leur.... appertenant en lad. Terre et Seigneurie de Colanges, lieu
de Cozance eftant de lad. Seigneurie, et autres biens donnés par led. Seigneur de Colanges aud. Chivalier fon filz........ Quoy fait, icelluy Seigneur de Colanges pére
de fon bon gré a ratiffié..... lefd. donnations par luy faictes defd. Seigneuries et biens
deffus déclairés au prouffit defd. Jaques et Anthoine fes filz;..... et d'abondant du
confentement dud. Chivalier fon filz a difpofé et donné aud. Anthoine fon filz lefd. Terres
de Monteclezet et Champcreffial qu'il avoit retenu par led. contract de mariage, quictes
de cens envers led. Chivalier;...... et foit ainfi que lefd. Seigneur de Colanges et Chivalier pére et filz foyent obligés par led. contract de mariage à la reftitution de la doct
de lad. feüe Dame Marguerite de Chafteauneuf en fon vivant conforte dud. Chivalier,
et en ayent receu la fomme de mil cinq cens livres tournois que icelluy Chivalier ait une
foiz retirée devers luy et d'icelle baillé aud. Seigneur de Colanges fon pére la fomme de
fept cens cinquante livres, qu'il ait employé partie au payement de la déduction de la
doct de lad. Damoiféle Anthoignéte fa fille et l'autre de fes autres affaires et debtes, et
des autres fept cens cinquante livres icelluy Chivalier en a fait plufieurs acquifitions de
héritaiges et dixme à fon prouffit, comme lefd. pére et Chivalier filz et chacun d'eulx ont
confeffé. Quoy fait, icelle Damoifelle Anne du Chariol, par l'advis ét confeil defd.
Seigneur de Colanges et Damoifelle Agnès de Creftes fes pére et mére ad ce préfens,....
en rémunération des bons et agréables fervices à elle faitz..... par led. Anthoine du
Chariol fon frére,..... et afin qu'il foit tenu métre icelle Anne honnorablement felon
fon eftat en Religion...... et luy poyer annuélement lad. penfion de dix livres tournois
que led. Seigneur de Colanges fon pére luy avoit conftituée rant qu'elle vivra,.....

a lad. Damoiféle Anne donné... par cefd. préfentes..... aud. Anthoine du Chariol fon frére ad ce préfent..... tout le droit et action à icelle Damoiféle Anne compétant ..... en lad. Seigneurie du Vialar à caufe du droit de légitime ou autrement..... La teneur de lad. émancipation s'enfuit : A tous ceulx &c. figné G. Fornier. En tefmoing defquelles chofes &c. (a) honnorable homme et faige Maiftre Eftienne Fabre Licencié en Loix, Bailly d'Auroze et Villeneuve,..... et Ger (b) Trolier Serviteur dud. Bailly, le unziefme jour d'Octobre l'an mil cinq cens et quatorze.
Collation faicte à la note originale par moy (*Signé*) A. Charenton.

N.° XXI.

Du 23 Juillet 1515. *Copié fur l'original.*

Atous ceulx qui ces préfentes Lectres verront et ourront, Jehan de Colonges Licencié en Loix, Efcuyer, Seigneur de la Mote, Garde et tenant le Seel eftably aux contractz ès Court de Clermont..... et Baronie de Mercueur par Très Hault et Puiffant Prince Monfeigneur le Duc de Bourbonnois et d'Auvergne, falut. Sçavoir faifons que pardevant Gérauld Fornier Clerc, féal Notaire Juré dud. Seel et de nous,..... perfonnellement eftably Maiftre Eftremoine Apchon Notaire, habitant de Colonges, lequel..... pour agréables fervices et plaifirs à luy faictz..... par ANTHOINE DU CHARIOL EScUYER, SEIGNEUR DE COLONGES ET DE VIALARD, ad ce préfent,..... en..... récompenfation defquelz fervices ledit Maiftre ... Achon (c) a donné..... audit du Chariol et ès fiens..... c'eft affavoir une maifon..... fituée dans le Chaftel de fortareffe de Colonges, juxte la meyfon... de Bertrand Apchon.... En tefmoing defquelles choufes, et à la relation dudit Notaire,..... à ces préfentes Lectres led. Seel que nous tenons avons mis et appoufé,..... faictes préfens ad ce..... vénérables perfonnes Meffires Mathieu Groffeulh et Benoict Champalh (d) Vicquére de Colonges ; et donné le vingt-troyfiefme jour de Julhiet l'an mil cinq cens et quinze. (*Signé*) G. Fournier ainfi, foit rendu aud. du Chariol.

DIXIÉME DÉGRÉ.

GASPARD Boulier Ier du nom, aliàs du Chariol, Chevalier, Seigneur du Chariol & de Rochefort, Baron d'Aurouze & de Thiniéres, qualifié *puiffant Seigneur*, a continué la Branche aînée.

1.re femme, Anne D'URFÉ.
2.e femme, Marguerite DE LA GRANGE.

&

ANTOINE du Chariol fecond du nom, Seigneur Châtelain de Coulanges & du Vialard, (auteur du Xe Dégré de la feconde Branche qu'il a continué & coufin-germain de ce Gafpard) époufa Anne DE ROCHEFORT.

N.° XXII.

Du 3 Janvier 1493 (1494). *Copié fur une copie collationnée en 1665 fur une expédition ancienne délivrée fur l'original.*

Contrat de mariage de Gafpard du Chariol avec Anne d'Urfé.

Atous ceulx &c. Anthoine du Puy &c. tenant le Seel Royal à Monferrand, et Philippes de Saignes Lieutenant de Monfeigneur le Chaftelain de Thiern, falut. Sçavoir faifons que pardevant nous en noftre hoftel ... s'eft comparüe NOBLE DAM^{LLE} ANNE

(a) Il y a ici un mot qu'on ne peut lire : ce doit être *préfens*.
(b) L'acte eft déchiré en cet endroit dans l'efpace de quelques lettres : on lifoit fans doute *main*, c'eft-à-dire *Germain*.
(c) Ainfi écrit en ce feul endroit de l'acte.
(d) On peut lire auffi *Champeilh*.

D'Urphé fille naturelle et légitime de Messire Jean d'Urphé Chevalier, émancipée de luy, comme elle difoit, mineure d'ans et en bas aage, qui nous a faict..... remonftrer que par fes parans et amis auroit efté traicté de faire mariage par parolles advenir entre Messire Gaspard du Chariol Chevallier et elle, et que audict traicté auroit efté advifé et accordé les pactes et convenances que s'enfuivent : c'eft à fçavoir que par faveur et contemplation d'icelluy mariage..... et pour tout droict et portion appartenant à ladicte Dam.lle Anne d'Urphé feroit donné et conftitué en dot à icelle Dam.lle et par elle audict Meffire Gafpard la fomme de fix mille livres, monnoye huy courant,..... et que noble homme Messire Pierre du Chariol pére audict Messire Gaspard, enfemble ledict Meffire Gafpard filz, par faveur et contemplation d'icelluy mariage..... debvoient donner et conftituer en douaire à ladicte Damoifelle Anne pour en jouir fa vie durant..... la maifon,.... domaine, cens, rentes, droictz de directe ..... et aultres droictz et debvoirs que lefdictz du Chariol père et filz et leurs prédéceffeurs ont accouftumé avoir et prendre en la Chaftellainie, Terre et mandement de Chafteledon, et fes appartenances;..... et moyénant ladicte dot et appanage ladicte Damoizelle Anne fe debvoit tenir par contente..... et confeffer avoir... receu fa... portion des biens et fucceffion de fes pére et mére, et iceulx biens et fucceffion quitter et tranfporter à fondict pére et à François d'Urphé Escuyer, son frére, et aultres defcendans d'eulx en loyal mariage,..... foubz pacte et convenance que au cas qu'il adviendroit lefdictz d'Urphé pére et frére aller de vie à trefpas fans enfans..... de loyal mariage, ladicte Dam.lle Anne furvivant..... fuccéderoit ès dictz pére et frére et ès defcendans d'eulx..... et par efgalle portion avec Dam.lle Ysabeau d'Urphé sa sœur aînée;..... et ledict Meffire Pierre du Chariol père dudict Meffire Gafpard *confidérant la évidente utilité de fa Maifon*, par faveur et contemplation dudict mariage,..... a déclairé debvoir donner.... audict Meffire Gafpard et ès defcendans de luy les Hoftel, Terre et Seigneurie et mandement du Chariol, avec fes droictz, appartenances et dépandances quelconques,..... affis ès Chaftellainies de Thiern, (*) Chafteledon, Neyronde et Monguerli, et toutes fes aultres Seigneuries, Terres, chevanches, cens, rantes, dixmes,... domaines,... et les biens meubles, noms, debtes, actions, que à préfent luy appartiennent;..... retenu... et réfervé emprès le trefpas dudict Seigneur du Chariol à noble et vénérable personne Maistre Guilhaume du Chariol Protonotaire de nostre Sainct Pére le Pape l'ufufruict de la Terre et Seigneurie de Neyronde, avec fes Juftice, cens, rantes,... et aultres fes droictz et appartenances quelconques,..... lequel ufufruict... ledict Seigneur du Chariol père debvoit céder et tranfporter aud. M.e Guilhaume pour droict d'aifneffe, fucceffion et efchoitte que luy appartenoit en ladicte Seigneurie du Chariol, et defdictz aultres biens dudict pére et de feue noble Dame Catherine de la Roue sa mére;... plus retenu et réfervé par led. pére la fomme de trois mille livres..... laquelle il croit debvoir.... à Dam.lle Peyronnelle du Chariol sa fille..... pour tout le droict de fucceffion à icelle Peyronnelle appartenant ès dictz biens dudit du Chariol père et de fes aultres aucteurs et lignagiers..... A ce debvoit eftre préfent..... ledict M.e Guilhaume du Chariol filz émancipé de fondict pére comme appert par Lettres d'émancipation cy-defoubz inférées, lequel debvoit... ratiffier les dictes donation, ceffion et tranfport, faictz par ledict fon pére audict M.re Gafpard fon frére,... et oultre remettre et tranfporter audict M.re Gafpard et ès fiens le droict audit M.e Guilhaume appartenant en ladicte Seigneurie du Chariol comme filz aîné d'icelle Maison et à moyen de certaine convenance appofée au contract de mariage dudict Seigneur du Chariol et de ladicte feüe Dame Catherine de la Roue fes pére et mére, et en tous les aultres biens de fes dictz pére et mére, faufz et réfervé l'ufufruict de ladicte Seigneurie de Neyronde..... par luy acceptée pour fon appanage et droict de légitime, veu et confidéré fon eftat qui eft jà à Dieu dédié et à l'Efglife; et à cefte caufe s'eftoient affamblés... la plus grande... partie de fes parans et amis avec lefquelz nous pleuft les enquérir fi ce eftoit fon proffit ou préjudice pour y appoincter et ordonner comme verront à faire par raifon, et que pour paffer et confentir ledict contract et convenance en tant que luy touche nous... fift requérir que luy fuft par nos dictz Lieutenans pourveu de curateur pour la bien et loyallement confeiller à l'acte, et que vouluffions enquérir avec fes parans et amis illec affiftans qui feroit le plus idoine et fuffifant pour ce faire, premiérement ledict Meffire Jean d'Urphé Chevalier, fondict pére, nobles et vénérables personnes Messieurs Maistres Anthoine de Langhat Prieur en l'Esglize de Brioude et Abbé en l'Esglize Cathédralle de

(*) Il y a ici dans cette copie un nom illifible.

CLERMONT, ONCLE MATERNEL DE LADICTE MINEURE, Claude de S.^t (*) Seigneur dudict lieu, Chanoine de l'Esglize St Jean de Lion, cousin et prochain parant de ladicte mineure, PIERRE (**) DU CHARIOL SIEUR DE ROCHEFORT, ANTHOINE DU CHARIOL SEIGNEUR DE COLANGES, Messire Lermite de la Faye Chevalier, Seigneur dudict lieu, cousins de ladicte mineure, Hector de la Faye Protonotaire de nostre St Pére le Pape, Philippes Augier, François de Colanges, Prestres et Chanoines de l'Esglize St Genés de Thiern, lesquelz avons enquis de ce, et apprès se tirarent à part, et tost apprès nous raportarent par la bouche dudict Seigneur de Rocheffort que ledict de Langhat ATTANDU LA PROXIMITÉ DE LIGNAGE ET LA QUALITÉ DE SA PERSONNE estoit le plus idoine et suffisant pour avoir ladicte curatelle, lequel inquisimes si de ce faire vouloit avoir la charge, qui a respondu que volontiers la prendroit quant audict acte ; et par ce ensuivant l'opinion desdictz parans et le consentement dudict de Langhat avons décerné et décernons par ces présentes... la curatelle de ladicte Dam.^{lle} mineure,... qu'il a... acceptée, et a juré... la bien et loyallement conseiller à l'octroy dud. contract ;.... parquoy avons donné congé et licence audict curateur et à ladicte mineure icelluy contract passer et consentir avec ledict Messire Gaspard son espoux advenir et aultres personnes y nommées ; et pour ce personnellement establis, en la présence de nous dict Lieutenant.... et de Guilhaume Fournier et Jean Chambon Notaires Jurés dudict Seel, NOBLES ET PUISSANTS MESSIRES JEAN D'URFÉ CHEVALIER, BARON D'ORLHAT ET THINIÉRES, SIEUR D'AUROUZE ET DE LA MOLIÉRE, ET NOBLE ET VÉNÉRABLE PERSONNE MONSIEUR Me ANTHOINE DE LANGHAT PROTONOTAIRE NOSTRE St PÉRE LE PAPE, curateur décerné par Justice, comme appert cy dessus, des personne et biens DE DAM.^{lle} ANNE D'URFÉ FILLE ÉMANCIPÉE, comme a affermé, NATURELLE ET LÉGITIME DUDICT MESSIRE JEAN D'URFÉ ET DE FEUE DAME YSABEAU DE LANGHAT SA PREMIÉRE FEMME, et héritiére par sa portion de lad. feüe Dame Ysabeau,.... et ladicte Dam.^{lle} Anne d'Urfé procédant de l'auctorité.... de sondict curateur,.... et MESSIRE PIERRE DU CHARIOL CHEVALIER, SEIGNEUR DUDIT LIEU ET DE NEYRONDE, et MESSIRE GASPARD DU CHARIOL CHEVALIER, SON FILZ, ledit Messire Gaspard procédant de l'auctorité..... dud. Seigneur du Chariol son pére ;... lesquelles parties.... ont recognu et confessé.... pardevant nous dict Lieutenant.... et les Notaires cy-dessoubz soubzcriptz que moyénant l'ayde de plusieurs leurs parans et amis a esté traicté.... de faire et célébrer mariage.... en Ste Mére l'Esglize.... entre LEDICT MESSIRE GASPARD DU CHARIOL ET LADICTE DAM.^{lle} ANNE D'URFÉ, et que pour faveur et contemplation d'icelluy mariage.... ledict de Langhat curateur et aussi ledict Seigneur d'Aurouze pére de ladicte Anne, et pour tout le droict, part et portion, appanage et légitime succession que à présent compéte et.... pourra compéter et appartenir à ladicte Dam.^{lle} Anne à la succession et biens DUDICT SEIGNEUR D'AUROUZE ET DE LADICTE DAME YSABEAU DE LANGHAT SES PÉRE ET MÉRE, collatéraulx et aultres parans de lad. Anne, ont donné et constitué.... à lad. Dam.^{lle} et par elle audict Messire Gaspard son espoux advenir.... la somme de six mille livres ;.... et lesdits Seigneur du Chariol et son filz par faveur et contemplation d'icelluy mariage.... ont.... constitué en douaire à ladicte Damoiselle Anne pour en jouir sa vie durant.... la maison,.... domaines, cens, rentes, droictz... et aultres quelconques,.... que les dictz du Chariol pére et filz et leurs prédécesseurs ont accoustumé avoir et prendre en la Chastellainie, Terre et mandement de Chasteledon ;..... et..... ladicte Damoiselle Anne a..... cédé..... et transporté aux dictz Seigneur d'Aurouze son pére et FRANÇOIS D'URFÉ ESCUYER, SON FILZ, FRÉRE DE LADICTE DAMOYSELLE, et ès descendans d'eulx en loyal mariage, tout le droict, part et portion, que luy appartiennent... et luy pourroit compéter... ès dicts biens :... soubz pacte et convenance que au cas qu'il adviendroit les dictz Seigneur d'Aurouze pére et François d'Urfé son filz aller de vie à trespassement sans enfans descendans d'eulx en loyal mariage,... ladicte Damoiselle Anne survivant ou les descendans ou ayant cause d'elle... succéderont à ses pére et frére.... par esgalles portions avec DAMOISELLE YSABEAU D'URFÉ SŒUR AISNÉE D'ICELLE DAMOISELLE ANNE, ou ses descendans ;... et le dict Messire Pierre du Chariol pére considérant la évidente utilité de sa dicte Maison,.... et affin que le dict Messire Gaspard et les descendans de luy puissent mieulx supporter les charges et affaires de sadicte Maison, et à ce qu'ils soient tenus de porter le nom et Armes du Chariol, par faveur.... dudit mariage.... a.... donné au dict Messire Gaspard et ses descendans de luy,... A LA CHARGE DE PORTER LE NOM ET ARMES DU CHARIOL, les Chastel, Terre, Seigneurie et mandement du Chariol, avec ses droictz, appartenances et dépendances,....

(*) Ainsi en blanc dans cette copie collationnée en 1665.
(**) Il y a apparence qu'on doit lire *Guy* dans l'original.

affis ez Chaftellainie de Thiern, Seigneurie de Chafteledon, Neyronde et Montguerlhe, et toutes fes aultres Seigneuries, Terres, ... domaines, ... et les biens meubles, noms, debtes et actions, que.... luy appartiennent; .... retenu auffi et réfervé après le trefpas dudict Seigneur du Chariol à NOBLE ET VÉNÉRABLE PERSONNE M.ᵉ GUILHAUME DU CHARIOL PROTONOTHAIRE DE NOSTRE S.ᵀ PÉRE LE PAPE le ufufruict de la Terre et Seigneurie de Neyronde, avec fes juftice, cens, rentes, et aultres fes droictz et appartenances quelconques; .... item plus la fomme de trois cens livres.... pour eftre employée à l'acquifition d'une maifon en la Ville de Thiern, lefquels ufufruict, enfemble ladicte fomme, ledict Seigneur du Chariol a.... tranfporté audict M.ᵉ Guilhaume fon filz pour tout droict de aifneffe, fucceffion; .... et a.... réfervé ledict Seigneur du Chariol pére la fomme de trois mille livres, ... laquelle il a donné.... à DAMOISELLE PEYRONNELLE DU CHARIOL SA FILLE.... pour tout le droict de fucceffion.... que luy peut.... appartenir ès dictz biens dudict Seigneur du Chariol pére et de fes aultres parens et.... lignagiers... A ce a efté préfent.... ledict M.ᵉ Guilhaume du Chariol filz, émancipé par ledict Seigneur du Chariol fon pére comme il appert par Lettres d'émancipation cy-deffoubz incorporées, ... lequel.... a.... baillé confentement exprez à la donation.... et tranfport par ledict Seigneur du Chariol pére faictz audict Meffire Gafpard et ès fiens; et d'abondant.... en récompence de plufieurs gratuités... qu'il a reçues dudict Meffire Gafpard... a cognu et confeffé lefdictes gratuités et fervices avoir receus par donation faicte entre vifz et en faveur dudict mariage.... audict Meffire Gafpard.... et ès defcendans de luy en loyal mariage (de) tout le droict que en ladicte Terre et Seigneurie du Chariol luy.... appartient COMME FILZ AISNÉ DE LADICTE MAISON DU CHARIOL par le moyen et certaine convenance.... appofée audict contract dudict mariage dudict Seigneur du Chariol pére et de FEUE NOBLE DAME CATHERINE DE LA ROUE SA MÉRE, ... fauf.... l'ufufruict de ladicte Terre et Seigneurie de Neyronde, ... de.... ladicte fomme de trois cens livres, et de la maifon qui en fera acquife audict M.ᵉ Guilhaume par ledict Seigneur du Chariol par droict de légitime et aineffe ; .... lequel ufufruict et fomme de trois cens livres ledit M.ᵉ Guilhaume a.... accepté pour fon appanage, ... confidéré fon eftat que jà eft dédié à l'Efglize.... S'enfuit la teneur de ladicte émancipation: Pierre Verman Licentié en Loix, Lieutenant Général de Monfieur le Chaftellain de la Ville et Baronnie de Thiern, à tous ceulx qui ces préfentes Lectres verront.... falut. Sçavoir faifons que comparans pardevant nous en ladicte Ville de Thiern, en la maifon de Meffire Philippes Ogier Preftre et Chanoine de l'Efglife Collégialle de S.ᵗ Genés de Thiern, ... MESSIRE PIERRE DU CHARIOL CHEVALLIER, d'une part, et MESSIRE GUILHAUME DU CHARIOL PROTONOTAIRE DE NOSTRE S.ᵀ PÉRE LE PAPE, SON FILZ NATUREL ET LÉGITIME, lequel eftant à genoux, tefte nüe et mains joinctes, a... fupplié humblement ledict Chevalier fon pére que fon plaifir fuft le émanciper; .. lequel pére a dict que en ladicte requefte il vouloit volontiers obtempérer, ... et en figne de liberté et émancipation.... l'a mis hors de fa puiffance et.... luy a donné.... pouvoir.... de difpofer de fes biens à fon plaifir et volonté ; .... laquelle émancipation ledict filz.... a accepté.... en la préfence de VÉNÉRABLE PERSONNE M.ʳᵉ GUY DU CHARIOL et difcret homme et fage Maiftre Pierre de Saignes Licentié en Loix, Advocat au Balhage de Montferrand. Faict et donné foubz le Seel de ladicte Chaftelainie de Thiern le fecond jour de Janvier l'an mil IIII.ᶜ IIII.ˣˣ XIII; .... et audict contract nous dict Licentié avons interpofé.... nos décret et auctorité judiciaire.... En tefmoing defquelles chofes nous dictz Licentié et Garde des Seaulx fufdictz à la relation defdictz Notaires.... avons.... appofé les Seaulx Royaulx eftablys aux contractz audict Montferrand par le Roy noftre Sire et de la Cour de ladicte Chaftelainie, pour y eftre.... adjouftée pléniére foy. Faict préfens.... nobles hommes Jacques du Verdier, Gilbert de Péladu, Maiftre Berthélemy Befchon Notaire, fages hommes Maiftre Pierre de Faga Licentié en Loix, Advocat en la Cour du Balhage de Montferrand, et Pierre Crefpin Efcuyer, dict d'Alteyrac, et donné le thiers jour de Janvier l'an mil IIII.ᶜ IIII.ˣˣ XIII. Et au deffoubz eft efcript: *conceffa eft Montisferrandi cum commiffione et cum decreto judicis*; et figné Chambon et Fournier. Et plus bas eft efcript : donné par coppie fur fon vray original receu par feu M.ᵉ Jehan Chambon fufdict Notaire foubz le Seel Royal eftably à Montferrand, fes notes à moy commifes à defpefcher; et figné Chambon avec paraphe....

(L')extraict et collationné du contract cy-deffus a efté tiré par moy Notaire Royal foubfigné de mot-à-mot fur fon expédition fignée Chambon à moy repréfentée par Meffire Gilbert de Bouliers-du Chariol Chevalier, Seigneur des Quayres, et en l'inftant à luy rendu, qui s'eft foubfigné.... Faict le dixiefme Janvier mil fix cent foixante-cinq. (*Signé*) les Quaires pour ledit Seigneur Gilbert mon pére, et Mont::::: Notaire Royal.

N.° XXIII.

Du 1.ʳ Février 1495 (1496.) Copié sur une expédition du temps valante original.

A TOUS ceulx qui ces présentes Lettres verront et orront, Jacques Apchier Licencié en Loix et Bachelier en chescun Droit, Conseilher et Garde des Seaulx aux contractz establys pour Très Excellant et Puissant Prince et Seigneur Monseigneur Pierre Duc de Bourbonnoys et d'Auvergne, Per et Chambelain de France, en Auvergne, salut. Sçavoir faisons que pardevant nousd. Chancelier d'Auvergne et Garde desd. Seaulx, scéant dans la sale du Chasteau de la Moliére, ... et aussi pardevant nostre amé Jehan Chambon féal Notaire Juré de la Court de nostred. Chancellerie, personnellement estably NOBLE ET VÉNÉRABLE PERSONNE MESSIRE GUYOT BOULHER ALIAS DU CHARIOT, PREBTRE, CURÉ DE MONTVENDRE EN L'AVESCHÉ DE VALANCE AU PAYS DE L'EMPIRE, ET SEIGNEUR DE ROCHEFFORT LÉS TOURELLE EN L'AVESCHÉ DE CLERMONT AUD. PAYS D'AUVERGNE, lequel.... pour les bons et agréables services... à luy faitz et impensés par NOBLE HOMME MESSIRE GASPARD BOULHER CHIVALIER, SEIGNEUR DU CHARIOT, SON NEPVEU GERMAIN, ... en.... rémunération desquelz, ... considérant led. Messire Gaspard sond. nepveu jà esté colloqué en mariaige avec DAME ANNE D'URPHÉ QU'EST DAME DESCENDUE DE GRANT MAISON et que dud. mariaige jà y a génération, à celle fin que led. Messire Gaspard puisse mieulx et *plus haultement* et honnestement colloquer ses enfans et lignée, maintenir et supporter les charges de mariaige et *l'estat et dignité de Chaivalerie*, icelluy Messire Guyot pour ces causes et autres.... a donné.... aud. Messire Gaspard sond. nepveu et ès siens à perpétuel.... c'est assavoir la Seigneurie de Rochefort avec ses droitz et appartenances, appendences et deppendances d'icelle, soient maisons, ... cens, rentes, dixmes, parciéres, prémynances, et autres droitz et devoirs deppendans d'icelle Seigneurie et Maison de Rocheffort assise et située en la Chastellenie de Tournoylle; .... retenu touteffoys et expressément réservé par ledit Messire Guyot donnateur.... le usuffruict et joissance desd. choses données, ... par le cours de sa vie tant seullement.... Faict au lieu dessusdit, présens nobles hommes Loys de Gironde Seigneur dud. lieu, discrect homme Maistre Jehan Modanel Notaire, et noble homme Jacques du Vergier; et donné le premier jour de Feuvrier l'an mil quatre cens quatre-vingtz & quinze. (*Signé*) Chambon, ainsiz des notes de feu mon pére à moy commises à expédier.

N.° XXIV.

Du 3 Mars 1497 (1498). Copié sur l'original.

A TOUS ceulx qui ces présentes Lettres verront et aurront, Gehan Griou Juré du Roy nostre Sire, Garde et tenant le Seel Royal de la Court de la Chancellerie des Exempcions d'Auvergne à Cusset en Auvergne establi, salut. Comme le Mécredi xxiijᵉ jour de Septembre l'an mil IIII.ᶜ IIII.ˣˣ et quinze Damoiselle Jehanne de Chastel dicte d'Ussel vesve de feu noble homme Liénard de Vernet en son vivant Seigneur dudit lieu, et NOBLE HOMME GILBERT DE VERNET ESCUIER, son filz et dudit deffunct, eussent vendu.... à NOBLE HOMME MESSIRE GASPARD BOULLIER CHEVALIER, SEIGNEUR DU CHARIOL, et ès siens, et pour le pris et somme de neuf cens livres tournois, à cause de la restitucion du mariage de FEUE DAMOISELLE MARGUERITE BOULLIÉRE SEUR DUDIT CHEVALIER ET JADIS FEMME DUDIT GILBERT DE VERNET ESCUIER, c'est assavoir la Terre et Seigneurie de Bost assise au Païs de Bourbonnois, en la Chastellenie de Billi, avec ses droiz et appartenances, appendences et deppendences quelxconques, ensemble tous et chascuns les cens, rantes.... et.... redevances deües à cause des héritaiges.... appartenans à laditte Seigneurie de Bost : .... et ce pour satisfaire à la somme de quarante-cinq livres de cens et rante que lesd. mére et filz avoient promis assoir et assigner aud. Chevalier sur lad. Terre et Seigneurie de Bost par accord et transaccion fait entre lesd. parties en paiement desd. IX.ᶜ l. t. lesquieulx mére et filz en faisant lad. vente avoient fait fére la deyte et reppontion aud. Chevalier desd. cens, rantes et reddevances de lad. Seig.ʳⁱᵉ... soubz convénance que led. Chevalier avoit donné.... pouvoir èsd. mére et filz de.... rachapter de lui ou des siens.... lad. Seigneurie de Bost et choses dessusd. ainsi vendües de trois ans ensuivants ladite vente, qui escherra le XXIII.ᵉ jour de Septembre prouchain venant mil IIII.ᶜ IIII.ˣˣ dix-huit, comme toutes ces choses sont plus applain contenües.... ès Lectres de lad. vente sur ce faictes et passées les jour et an que deſſus, recûes par Jehan Fourchier Notaire cy-deſſoubz eſcript et François Ladron auſſi Notaire Royal ; ſavoir faiſons que pardevant noz amés et féaulx Glaude Bourdon et ledit Jehan Fourchier Notaires Jurés de lad. Court et Chancellerie.... perſonnellement eſtabli ledit Meſſire Gaſpard Boullier Chevalier, Seigneur du Chariol, lequel a receu aujourdui date des préſentes deſd. Damoiſelle Jehanne du Chaſtel et dudit Gilbert de Vernet Eſcuier, ſon filz, par les mains dudit Gilbert de Vernet ad ce préſent et acceptant pour lui et ſad. mére et les leurs, c'eſt aſſavoir lad. ſomme de neuf cens livres tournois ; .... et ce fait, et en enſuivant le réhéméré ſur ce donné èſd. Leêtres de vente, ... a revendu.... et tranſporté.... par ces préſentes.... èſd. Jehanne du Chaſtel et Gilbert de Vernet Eſcuier, ſon filz, acceptant cotmme deſſus, c'eſt aſſavoir lad. Terre et Seigneurie de Boſt avec ſes droiz et appartenances, cens, rantes, ... et autres deſſus déclairés à lui ainſi vendus ; .... et par ce moien leſd. mére et filz demeurent quiêtes... deſd. quarante-cinq livres tournois de cens et rante ainſi aſſignés à icelui Chevalier, et icelui Chevalier les.... a quiêtés .... perpétuellement de toute la reſtitucion qu'il.... pourroit.... prétendre contre eulx à cauſe du mariage donné et conſtitué à lad. feüe Marguerite Boullier ſeur dudit Chevalier.... Et deppuis.... pardevant leſd. Notaires, et en la préſence dudit Meſſire Gaſpard Boullier Chevalier, perſonnellement eſtabli ledit GILBERT DE VERNET ESCUIER, SEIGNEUR DUDIT LIEÜ DE VERNET, et Loys Combe au nom et comme procureur de lad. Damoiſelle Jehanne du Chaſtel en Leêtres de procuracion.... fondé dont la teneur ſera cy-deſſoubz incorporée, ... leſquieulx... ont vendu... par la teneur des préſentes.... à noble et puiſſant Seigneur Guichard d'Albon Seigneur de Saint André et de Serezat, Conſeillier du Roy noſtre Sire et ſon Bailly de Monſerrand, honnorable homme Anthoine Loſte ſon ſerviteur et procureur.... acceptant.... et ſtipulant pour led. Seigneur et les ſiens, ... et pour le pris et ſomme de mil cinq cens livres tournois , ... c'eſt aſſavoir toute lad. Seigneurie de Boſt avec ſes droiz, appartenances, appendences et deppendences quelxconques.... S'enſuit la teneur de la procuraciōn de lad. Damoiſelle Jehanne du Chaſtel. A tous ceulx qui ces préſentes Leêtres verront et aurront, Jehan Griou Juré du Roy noſtre Sire , Garde et tenant le Seel Royal de la Court de la Chancellerie des Exempcions d'Auvergne à Cuſſet en Auvergne eſtabli, ſalut. Savoir faiſons que pardevant noſtre amé et féal Jehan Fourchier Clerc, Notaire Juré de ladite Court et Chancellerie , ... perſonnellement eſtablie Damoiſelle Jehanne de Chaſtel veſve de feu Liénard de Vernet en ſon vivant Eſcuier et Seigneur dudit lieu, laquelle.... a.... conſtitué.... ſes procureurs généraulx et eſpéciaulx, c'eſt aſſavoir GILBERT DE VERNET ESCUIER ſon filz, Guillaume Cornilh, Pierre de Combes et Loys Combe, et chaſcun d'eulx, ... pour.... rachapter de MESSIRE GASPARD BOULLIER CHEVALIER, SEIGNEUR DU CHARIOL, la Terre et Seigneurie de Boſt, enſemble les cens, rantes, dixmes.... et autres que n'aguiéres icelle conſtituante et Gilbert de Vernet, Eſcuier, ſon filz, ont vendu audit Chevalier pour le pris de IX.ᶜ l. à cauſe de la reſtitucion du doêt et mariage de FEUE DAMOISELLE MARGUERITE BOULLIER SEUR DUDIT CHEVALIER ET JADIS FEMME DUDIT GILBERT DE VERNET, et lui paier lad. ſomme de IX.ᶜ livres ; .... et fait lad. revente lad. Damoiſelle conſtituante a donné.... pouvoir....à ſeſd. procureurs deſſus nommés.... de vendre.... et tranſporter....à noble & puiſſant Seigneur Guichard d'Albon Seig.ʳ de Saint André et de Serezat, pour le pris et ſomme de mil et cinq cens livres tournois, c'eſt aſſavoir lad. Terre et Seigneurie de Boſt, dommaines, cens et rantes, ... et tous autres droiz.... à elle appartenans en lad. Seig.ⁿᵉ de Boſt.... Fait préſens Glaude Bourdon Notaire et Anthoine Loſte, et donné le ſegond jour de Mars l'an mil IIII.ᶜ IIII.ˣˣ dix-ſept, et ſigné au marge J. Fourchier ainſi eſt. En teſmoing deſquelles choſes nous à la relacion deſd. Notaires.... avons mis et appoſé à ces préſentes Leêtres ledit Seel Royal. Fait préſens noble homme Maiſtre Guy du Chariol Seigneur de Rochefort, Gilbert du Rif Eſcuier , Jaques du Vergier, Gilbert M‾ſal, et Maiſtre Jehan Chabanel Procureur de Thiert ; et donné le tiers jour de Mars l'an mil IIII.ᶜ quatre-vins-dix-ſept. (*Signé*) J. Fourchier ainſi eſt.

N.° XXV.

Du 28 Juin 1498. Copié ſur l'original.

A TOUS ceulx qui ces préſentes Leêtres verront et orront, Anthoine du Puy Eſcuyer, Seigneur dud. lieu et de Chabrenghol, Eſcuyer d'Eſcuerye du Roy noſtre Sire, Garde et tenant le Seel Royal pour le Roy noſtredit Sire eſtably aux contrauêtz de Monfferrand, en Auvergne eſtably, ſalut. Savoir faiſons que pardevant nos amez et féaulx Anthoine

Pofdrelhie et Jaques Pofdrelhie fon filz, Notaires Jurez defd. Sceaulx et les noftres, ...
perfonnellement eftably *noble, foige et difcrette perfonne Maiftre Guy Boulier Licencié en
Décret et Bachelier en Loix, Seigneur ufuffruictuare de la Terre et Seigneurie de Rocheffort
lez Tournoille ou Diocèze de Clermont*, pour foy et les fiens, d'une partie, et *noble homme
Meffire Gafpard Boulier Chevaillier, Seigneur du Chariol*, et *auffi Seigneur propriétaire de
la Terre et Seigneurie de Rocheffort, et filz de feu Meffire Pierre Boulier Chivaillier, Seigneur
quant vivoit de la Terre et Seigneurie du Chariol, et nepveu icellui Meffire Gafpard dud.
Maiftre Guy*, pour foy et les fiens, d'autre partie; lefd. parties . . . . . ont . . . confeffé . . .
par ces préfentes . . . . . que comme il foit ainfi que *de feu Meffire Guillaume Boullier* (*)
*en fon vivant Seigneur dud. Chariol, ayeul paternel dud. Meffire Gafpard et pére dud. Maiftre
Guy, foient defcendus en mariage feu Meffire Pierre Boulier Chivaillier, Seigneur dud. Chariol,
pére dud. Meffire Gafpard et frére dud. Maiftre Guy*, et *de noble Dame Dame Ahélips de
Méfiz* (*) *fa femme, fix enffens mafles, c'eft affavoir led. Meffire Pierre Boulier Chivaillier,
led. Maiftre Guy et Anthoine Bouliers, Religieufes perfonnes Fréres Jehan et Anne Boliers* (*)
*Religieux de l'Ordre de Sainct Benoift, et Religieufe perfonne Frére Hemrys Boulier de
l'Ordre de Sainct Anthoine*, et que du vivant dud. feu *Meffire Guillaume Boulier Chivaillier*
led. *Meffire Pierre Boulier fon filz euft contracté mariage et conjoinct avecques Dame Catherine de la Rouhe*, au contrauct duquel mariage et par icellui faire et acomplir led. feu
Meffire Guillaume Boulier lors vivant euft donné . . . . . aud. Meffire Pierre Boulier fon
filz tous et quelzcumques fes biens, retenuz toutesvoyes par led. Meffire Guillaume les
uffuffruictz de fes biens fa vie durant tant feullement; et retenuz auffi par led. feu Meffire
Guillaume pour diftribuer et donner par pencion annuelle amprès fon trefpas aud. Maiftre
Guy et Anthoine Bouliers fréres, fes filz, la fomme de trente livres tournois, et jufques
ad ce que lefd. Maiftre Guy et Anthoine feroient pourveuz en offices et béneffices ou
autres biens jufques à la fomme de quarente livres tournois; et retenuz auffi pour fefd.
enffens Religieux deffus nommez autres pencions contenues aux contrauctz de mariages
fur ce faiz; et pour ce que depuis le trefpas dud. feu Meffire Guillaume Boullier (*) fe
meuft procès entre lefd. Meffire Pierre Boulier et *Anthoine Boulier foy difant Seigneur de Colunges*, lequel amprés fon trefpas demoura indéciz; et depuis en çà pour
icellui procès afouppé par le deccez dud. feu Meffire Pierre Boulier led. Anthoine Boulier
foy difant Seigneur de Colunges avoit fait adjourner led. Meffire Gafpard Boulier comme
héritier de fond. feu pére pour icellui procès repprandre ou délaiffer; et oud. procès ayent
procédé lefd. parties par long temps et par diverfes affignacions; duquel procès par le
moyen d'aulcuns parentz et amys defd. parties lefd. Anthoine Boulier foy difant Seigneur
de Colunges et led. *Meffire Gafpard du Chariol* (**) foient condefcendus en accord
et tranfaction fur le prétendu droit de légitime que pouvoit . . . appartenir aud. Anthoine
Boulier, le tout ainfi qu'eft contenu ès Lectres d'accord et transhaction fur ce faictes et
receües par Maiftres Pierre Faydit et Pierre Boffet Notaires; et ce fait perfonnellement
eftably auffi led. Maiftre Guy Boulier, lequel . . . . . par affection naturelle et finguliére
amour qu'il a envers led. Meffire Gafpard Boulier Chivaillier, Seigneur du Chariol, fon
nepveu, confidérant auffi et ayant par agréables les fervices que faiz luy ont efté par la
perfonne dud. feu Meffire Pierre Boulier fon frére en fon vivant et pére dud. Meffire
Gafpard, et auffi les fervices . . . . . que faiz luy ont eftez par led. Meffire Gafpard et
qu'il s'efforce de faire journellement, ... et auffi affinque led. *Meffire Gafpard puiffe
myeulx entretenir la Maifon du Chariol laquelle eft le chief cappital de toute la chevance et
Seigneurie de tous les prédeceffeurs Seigneurs dud. Chariol, et en icelle Seigneurie il puiffe
honnorablement vivre et fouftenir fon eftat, fes femme et enffens norrir et entretenir en paix
et bonne Nobleffe*, et q̃ tout ce led. Maiftre Guy donnateur a défiré par long temps
et défire encore l'entretenement de lad. Maifon du Chariol de laquelle il eft defcendu, ...
et affin auffi que led. Meffire Gafpard par le temps advenir puiffe *myeulx et plus noblement*
colloquer en mariages fes enffens, a donné led. Maiftre Guy Boulier aud. Meffire Gafpard Boulier ad ce préfent . . . . . tout le droit et action que aud. Maiftre Guy peuft . . .
appartenir à caufe de la fucceffion dud. feu Meffire Guillaume Boullier (*) fond. feu
pére, ... enfemble auffi tout le droit que aud. Maiftre Guy porroit . . . appartenir . . .
par la renomciacion à luy faicte . . ., par lefd. Religieux Fréres Jehan et Anne Bouliers
Religieux de l'Ordre de Sainct Benoift et Religieufe perfonne Frére Henrys Boulier
Relligieux de Saint Anthoine, aufquelz biens lefd. Religieux avoient renoncé au prouffit
des autres leurs fréres. Et oultre plus comme il foit ainfi que pieçà led. Maiftre Guy par

(*) Ce nom eft ainfi écrit en cet endroit de l'original.
(**) Ainfi nommé dans l'original en cet endroit.

agréables fervices à luy faitz... par led. Meffire Gafpard du Chariol (*) Chivaillier, en rémunéracion defquelz lui euft donné... laditte Terre et Seigneurie de Rocheffort lez Tournoille, enfemble fes droiz et devoirs,... retenuz par led. Maiftre Guy... l'uffuffruiſt ou ufuffruiſtz de lad. Terre et Seigneurie de Rocheffort fa vie durant tant feullement, tout ainfi qu'eft contenu ès Leſtres fur ce faiſtes et receües par Maiftre Jehan Chanbon Notaire, voulant iceulx ufuffruiſtz amprès fon deccez eftre confolidez à la propriété au prouffit dud. Meffire Gafpard, laquelle donnation ainfi faiſte par led. Maiftre Guy aud. Meffire Gafpard de lad. Terre et Seigneurie de Rocheffort en la quallité deffufdite leſd. Maiftre Guy a..... raſtiffiée au prouffit dud. Meffire Gafpard et des fiens à perpétuel... En tefmoingt defquelles chofes deffufdites nous à la rellacion defd. Notaires,..... préfens ad ce et appellez par tefmoings NOBLE, SAIGE ET DISCRECTE PERSONNE MAISTRE GUILLAUME BOULLIER (**) PROTHONOTAIRE DE NOSTRE SAINCT PÉRE LE PAPE, vénérable perfonne Meffire Eftienne de la Font Prebtre, noble homme Jaques du Vergier et Rigauld Mefpoler Clerc et Arrier habitué de l'Eglife Collégialle de Sainſt Geneys de Thiert, aufquelz Notaires et à leur dite rellacion... avons adjoufté et adjouftons plainiére foy, et ledit Seel que nous tenons à ces préfentes avons mis et appofé. Fait et donné le vinghuytiefme jour du moys de Juing l'an mil quatre cens quatre-vingtz et dix-huit. (*Signé*) A. Pofdrelhie, (*et*) J. Pofdrelhie... Soit randüe aud. Chivaillier donnataire.

N.º XXVI.

Des 28 Oſtobre & 30 Novembre 1510. Copié fur une expédition du tems valante original.

Contrat de mariage de Puiffant Seigneur Pierre de Sermur Ecuyer, Seigneur de la Befferéte, de Queyrat & de la Garde, avec Demoifelle Jeanne du Chariol fille de Puiffant Seigneur Meffire Gafpard du Chariol Chevalier, Seigneur du Chariol & de Rochefort, Baron d'Aurouze & de Thiniéres, & de Dame Anne d'Urfé fa femme.

A TOUS ceulx qui ces préfentes verront et orront, Jaques du Puy Efcuyer, Seigneur dud. lieu et de Chabrenghol, Confeiller Chancellier pour le Roy noftre Sire et Garde de fon Seel aux contraſts   (a)   en Auvergne eftably, falut. Sçavoir faifons que pardevant noftre amé et féal Jehan Peftre Clerc, Notaire Juré   (b)   ,.... perfonnellement eftablys PUISSANT SEIGNEUR MESSIRE GASPARD DU CHARIOL CHIVALIER, SEIGNEUR DUD. LIEU, D'AUROUZE ET DE THINÉRES, pour foy et les fiens d'une part, et DAMOISELLE JEHANE DU CHARIOL FILLE NATURELLE ET LÉGITIME DUDICT CHIVALIER, AUSSI FILLE ET HÉRITIÉRE POUR SA FÉRUE DE FEUE DAME ANNA D'URFÉ JADIS CONSORTE DUDIT CHIVALIER, icelle Damoifelle procédant de l'auſtorité... dudit Chivalier fon pére, auffi pour elle et les fiens, d'autre, et PUISSANT SEIGNEUR PIERRE DE SERMUR SEIGNEUR DE LA BESSERÉTE, DE QUEYRAT ET DE LA GARDE, AU DIOCÈSE DE SAINCT FLOUR, auffi pour foy et les fiens, d'autre part; lefdiſtes parties..... ont cogneu et confeffé..... par le traiſté, advis et confeil de leurs parens et amys, avoir traiſté et pourparlé de faire et cellébrer mariaige par parolles de fuſtur entre lediſt de Sermur Seigneur de la Befferéte et ladiſte Damoifelle Jehane du Chariol; et pour faveur et contemplacion dudiſt mariage faire et acomplir en face de Sainſte Mére Efglife..... ledit Meffire Gafpard du Chariol Chivalier, pére de ladiſte Damoifelle Jehane du Chariol expoufe future, a donné et conftitué... en doſt... à ladiſte Damoifelle Jehane fa fille et pour elle audiſt de Sermur Seigneur de la Befferéte..... pour tout le droiſt et aſtion, part, partaige et légiſtime pourcion à elle à préfent ou pour le temps advenir... appartenans..... en tous et chefcuns les biens paternelz, fraternelz, forrorins, et de ladiſte feüe Dame Anne d'Urphé (**) fadiſte mére, et autres fucceffions direſtes et colletéralles d'icelle expoufe future, de et pour tous les diſtz biens et fucceffion jà advenües et advenir, ce qui s'enfuyt,... la fomme de cinq mil livres tournoifes que ledit Chivalier pére doit et a promis poyer èfdiſtz expoux futurs..... En faveur et contemplacion d'icelluy mariage ledit expoux fuſtur a douhé & douhe ladiſte Damoifelle Jehane fadiſte expoufe future...., c'eft affavoir du Chaftel, Terre et Seigneurie de Queyrat, fituée en l'Evefché de Roddès, avec fes Juftice, cens, rantes, dixmes,... domaine, et autres fes appartenances..... En tefmoingt defquelles chofes deffus diſtes... nous Chancellier fufdiſt à la rellacion

---

(*) Ainfi nommé dans l'original en cet endroit.   (**) Ce nom eft ainfi écrit en cet endroit de l'aſte.
(a) (b) L'aſte eft ufé en cet endroit.

dudiϑ Notaire..... lediϑ Seel Royal que tenons à ces préſentes avons faiϑ meϑre et appoſer ès préſences et par teſmoings ad ce appellez Meſſires Amaury de Lentilhat Seigneur de la Moϑe, Chivalier, Capitaine de l'Artillerie du Roy, Hermite de la Faye auſſi Chivalier, Seigneur dud. lieu, Gilbert de Palladut, Jaques du Vergier, Eſcuyers, diſcreϑz houmes et ſaiges Maiſtres Jehan Combes Licencié en Loix, Advocat en la Court de la Senneſchaucée d'Auvergne, Anthoine Béloy Bachelier en Loix, Juge de Thynéres et de Queyrat, Guillaume Ugier Bachelier en Décreϑz, du lieu de la Beſſereϑe, Maiſtres Mathieu Marchadias Notaire Royal de la Paroiſſe de Sainϑ Ramy, et vennérable perſonne Meſſire Eſtienne de la Font Prebtre. Faiϑes et données au Chaſtel du Chariol le Samedy dernier jour de Novembre l'an mil cinq centz et dix. (Signe) Peſtre, des notes feu Maiſtre Jehan Peſtre mon pére, quant vivoit Notaire Juré de lad. Chancellerie, à moy commiſes à expédier. Ces préſentes randues aud. Seigʳ du Chariol.

Et pour ce que du vyvant de ladiϑe feüe Dame Anna d'Urfé Dame de Thinéres, conforte dudiϑ Seigneur du Chariol et mére de ladiϑe Damoiſelle Jehane du Chariol, avoit eſté par elle volu et accordé en paſſer articles ſignez de ſa main, pour monſtrer que icelle Dame en ſon diϑ vivant avoit volu et accordé ledit mariaige, leſdiϑes parties ont requis à moy Notaire ſoubzſigné incérer leſdiϑz articles après la noϑe et groſſe dudiϑ préſent contraϑ de mariaige : ce que moy diϑ Notaire a faiϑ. S'enſuyt la teneur deſdiϑz articles.

Ce ſont les paϑes et convenances faiϑz et paſſez par articles entre Puissant Seigneur Gaspard du Chariol Chivalier, Seigneur dudict lieu et de Roche-fort, Baron d'Aurouze et de Thinéres, et Dame Anne d'Urphé sa femme, d'une part, et noble homme Messire Jehan de Sermur Prieur de Sainct Julhen et de Lavernon, au nom de noble homme Pierre de Sermur Escuyer, Seigneur de la Besseréte, de Queyrat et de la Garde, au Diocèze de Sainct Flour, d'autre part, en la forme et maniére que s'enſuyt; et premiérement a eſté dit et accordé entre leſdiϑes parties que lediϑ Seigneur du Chariol et Dame donneront audiϑ Seigneur de la Beſſe-réte pour fame en mariaige leur fille Damoiselle Jehane du Chariol, et par maniére de doϑ luy aſſigneront et conſtitueront la ſomme de cinq mil livres tournoiſes, et acouſtreront ladiϑe Damoiſelle d'abilhemens *ſellon l'eſtat de la Maiſon du Chariol et de la Beſſeréte* bien et honneſtement..... Item a eſté dit et accordé entre leſdiϑes parties que pour ce que lediϑ Seigneur et Dame ſont chargés de debtes et affaires, pour ac-quiϑer et deſlivrer leur chevance à eulx eſcheute par feu Messire François d'Urphé frére de ladicte Dame, ſera tenu lediϑ Meſſire Jehan de Sermur au nom dudiϑ Sei-gneur de la Beſſeréte bailler & deſlivrer audiϑ Seigneur et Dame la ſomme de quatre mil livres tournoiſes le jour de la cellébracion dud. mariaige ou paravant, pour laquelle ſomme de quatre mil livres et troys mil livres dudiϑ mariaige du premier paϑz et pre-miére ſolucion feront leſdiϑ Seigneur et Dame du Chariol audiϑ Seigneur de la Beſſeréte vante de la Place de Thinéres aſſiſe en Rouergue, avec ſes rantes, revenües et deppen-dances, et charges à ladiϑe Place appartenans, ſoubz faculté de réhéméré..... Item a eſté diϑ et accordé entre leſdiϑes parties que pour ce que certain procès a eſté et eſt pendant en Parlement à Tholouze entre les prédecceſſeurs deſdiϑz Seigneur et Dame et les prédecceſſeurs dudiϑ Seigneur de la Beſſeréte à cauſe du Villaige de Mormenties aſſis en la Baronnye de Thinéres, ſi leſdiϑz Seigneur et Dame rachaptent ladiϑe Place, et eſt dit et ordonné que ſi par le droiϑ prétendu appartiegnt audiϑ Seigneur de la Beſſe-réte par Mess.ʳˢ les Prothonotaires de Sermur oncle dudict Seigneur de la Besse-réte et du Chariol frére dudict Seigneur du Chariol, demeurent audiϑ Seigneur de la Beſſeréte; et auſſi pour ce que lediϑ Villaige et prez et joignant de la Place de Queyrat, ſe eſt dit... et ordonné par les deſſus diϑz Meſſ.ʳˢ les Prothonotaires que, en récompenſant lediϑ Seigneur et Dame d'autre part en rante et revenüe de telle valleur aſſiſe au Païs de Bedéne, feront tenus leſdiϑz Seigneur et Dame délaiſſer et deſlivrer en perpétuité lediϑ Villaige (*) en ſatisfaϑion et récompance par eulz ordonnée. Finablement a eſté... accordé que les deſſus eſcriptz articles ſeront corrigés, amendés, addiϑionnés,... dyminuez, ſi bon ſemble auſdiϑes parties;..... leſquelz (*) paſſez et accordez au Chariol le vingt et huiϑieſme jour d'Oϑobre l'an mil cinq cens et dix en la préſence de nobles hommes Gilbert de Palladut, Jaques du Vergier Sei-gneur dudiϑ lieu, Jehan Breϑon Merchant d'Oleargnet, Maiſtre Anthoine Belloy Bache-lier en Loix, Juge de Thinéres, et ſigué par leſdiϑes parties.

(*) L'aϑe eſt uſé en cet endroit.

N.º XXVII.

Du 26 Janvier 1514 (1515). Copié sur l'original.

A TOUS ceulx qui ces présentes Leûtres verront et orront, Jehan Chabanel Confeilhier Madame la Ducheffe de Bourbonnois et d'Auvergne, et Lieutenant de Monfeigneur le Chaftellain de Thierc par madiûte Dame, et Jacques du Puy Efcuyer, Seigneur dudit lieu, Bachellier en Loix, Guarde et tenant le Seel Royal aux contrauûtz à Montferrand en Auvergne eftably, falut. Savoir faifons que pardevant nous dit Lieutenant et nous dit tenant le dit Seel, pardevant noftre amé et féal Martin Cormes Clerc et Notaire Juré dudit Seel, ... perfonnellement eftablys NOBLE DAMOIZELLE DAMOIZELLE GLAUDE DU CHARIOL, FILHE DE MESSIRE GASPARD DU CHARIOL CHEVALIER, SEIGNEUR DUDIT LIEU, et efmancippée par fon dit pére.... paravant l'oûtroy des préfentes, et de laquelle émancippacion la teneur fera en deffoubz incorporée, laquelle Damoizelle Glaude de fon bon gré, ... et moyénant la foume de fix cens livres tournois que led. Seigneur du Chariol fon dit pére luy a donné et donne par ces préfentes pour icelle Damoizelle Glaude nourrir et entretenir en la Religion et Moneftére de Nonains de Sainût Préjet au Diocéfe de Sainût Flour, à laquelle Religion lad. Damoizelle a intencion de briefz foy randre Religieufe &ª. Et ad ce a efté auffi préfent et perfonnellement eftably NOBLE ET PUISSANT SEIGNEUR PIERRE DE SERMEUR ESCUYER, SEIGNEUR DE LA BESSERÉTE, lequel.... a promis et promeût par ces préfentes Leûtres poyer à lad. Damoizelle Glaude du Chariol et pour et au nom dud. Meffire Gafpard du Chariol fon diût pére la diûte foume de fix cens livres tournois, ... moyennant laquelle... lediût Seigneur de la Befferéte demeurera.... quiûte.... de femblable foume.... envers mond. Seigneur du Chariol, et ce en déducion de plus grand foume en quoy il eft aûtenu envers lediût Seigneur du Chariol à caufe de la vente de Tigniéres faiûte par lediût Seigneur du Chariol audiût Seigneur de la Befferéte, coume appert par ladiûte vente par Maiftre Jehan Peftre Notaire de la Ville de Riom receüe; et moyennant laquelle foume de fix cens livres tournois ainfi par led. Seigneur du Chariol à ladiûte Glaude fa filhe données, ... ladiûte Damoizelle Glaude de fon bon gré.... a.... cédé.... et tranfpourté.... tous fes biens paternelz, maternelz, fraternelz, fororins, et autres quelxconques préfens et advenir, au prouffit et utillité dud. Meffire Gafpard du Chariol fondiût pére et des enffens mafles defcendans de luy, naitz et à naître.... S'enfuyt la teneur de la efmancippacion qui eft telle.

A tous ceulx qui ces préfentes Leûtres verront et orront, Jehan Chabanel Confeilhier Madame la Ducheffe de Bourbonnois et d'Auvergne, et Lieutenant Général de Monfeigneur le Chaftellain de Thierc par madiûte Dame, falut. Savoir faifons que pardevant nous DAMOIZELLE GLAUDE DU CHARIOL FILHE NATURELLE ET LÉGITIME DE MESSIRE GASPARD DU CHARIOL CHEVALIER, SEIGNEUR DUDICT LIEU, ET DE FEUE DAME ANNE D'URPHÉ CONSORTE D'ICELLUY CHIVALIER, laquelle a requis.... audit Chevallier fondiût pére ad ce préfent que fon plaifir fût la émancipper et meûtre hors de fa puiffance paternelle; ... à laquelle requefte ledit Chevalier, coume civille et raifonnable, a.... obtempéré et incliné, enfuyvant de fon bon gré et bonne volonté ladiûte Glaude du Chariol fa filhe a efmancippé et par ces préfentes émancippe et meût hors de fes biens et puiffance paternelle; ... Fait préfens à tefmoingtz appellez NOBLE HOMME PIERRE DE SERMEUR ESCUYER, SEIGNEUR DE LA BESSERÉTE, Maiftre Martin Cormes Notaire, Meffire Lyonard Montolier Prebtre, et Anthoine du Bex; et donné le vingt et fixiefme jour du moys de Janvier l'an mil cinq cens et quatorze; et ainfi figné au marge G. des Champs Greffier Coumis.... En tefmoingt defquelles chofes deffufd. noufd. Lieutennant le Seel de la Court de lad. Chaftellenie et noufd. Guarde et tenant led. Seel Royal à la rellacion dud. Notaire.... à cefd. préfentes Leûtres ledit Seel que nous tenons avons mys et appofé. Faiût tefmoingtz ad ce préfens et appellez Meffire Lyonard Montolyer Prebtre, Blaife Reyrems, et Anthoine du Bex Parroiffain de Sainût Ramy; et donné le vingt et fixiefme jour du moys de Janvier l'an mil cinq cens et quatorze. (Signé) G. des Champs Greffier Coumis, (et) M. Cormes.....
Soit randüe audiût Seigneur du Chariol ou ès fiens.

N.º XXVIII.

Du 6 May 1517. Copié sur une Expédition valante original.

A TOUS ceulx qui ces préfentes Leĉtres verront et orront, Jacques du Puy Efcuyer, Seigneur dud. lieu, Bachellier en Loix, Garde et tenaut le Seel Royal aux contraulx de Montferrand de par le Roy noftre Sire en Auvergne eftably, falut. Comme MESSIRE GUASPARD DU CHARIOL CHEVALLIER, SEIGNEUR DUDIT LIEU, euft vendu. . . à nobles et Relligieufes perfonnes les Relligieulx du Pryeuré et Convent Noftre-Dame de Rys, et pour le pris et fomme de deux cens livres tournois, ... c'eft affavoir vingt-cinq feptiers foigle, mefure de Chaftelladon, de cens et rente, à iceulx prendre et parcepvoir ung chafcun an, à une chafcune Fefte Sainĉt Julhien, et fur les dixmes que led. Chevallier a acouftumé prendre et lever aud. lieu du Chariol et de Sainĉt Ramy; et de lad. vente euffent lefd. Relligieulx donné et oĉtroyé aud. Chevalier pouvoir et puiffance de recouvrer, réhémer et rechapter lefd. vingt (-cinq) feptiers blé de foigle deffufd. . . . en poyant lad. fomme de deux cens livres tournois, . . . comme. . . eft plus à plain contenu. . . ès Leĉtres de vente et réhéméré receües par feu Maiftre Gilbert Semeauftre Notaire de Rys, daĉtées du premier jour du moys de May l'an mil cinq cens et quatorze; aujourduy jour et daĉte des préfentes favoir faifons que pardévant noftre amé et féal Nycolas Gourriet Notaire Juré de lad. Court de Montferrand et le noftre. . . . perfonnellement eftablys nobles et Rellygieufes perfonnes Meffires Jehan d'Orador Chamberier de Rys, Pierre Mailhard Doyen dud. Rys, Charles Germain Curé de Baucherel, Michel Jacqueti Champtre du dit Rys, Joyet Joyran, Guilhaume du Vernay, Jacques Glotier, Guillaume de la Chappelle, Jacques Terriére, et Guillaume Cheneteau, tous Relligieulx dud. Rys, iceulx procédants de l'auĉtorité. . . : de noble homme Frére Guillaume de Sainĉt Marcel Prieur de Sainĉt Germain des Fouffes et Doyen d'Iffoire, leur Vicaire perpétuel, lequel. . . . leur a donné pouvoir. . . . de paffer et oĉtroyer le contenu en ces préfantes, lefquieulx et ung chafcun d'eulx, et prenans en main pour leurs autres Relligieulx abfentz, ... et eftans tous affemblés enfemble en la maifon. . . . dud. Sainĉt Marcel, de leur bon gré. . . . ont. . . . confeffé avoir. . . . receu dud. du Chariol Chevallier, ... le Notaire fufnommé et ftipulant pour led. Chevallier, c'eft affavoir la fomme de deux cens livres tournois. . . pour led. fort principal; . . . et ce faiĉt ont ceddé. . . . iceulx Relligieulx aud. Chevallier et ès fiens lefd. vingt-cinq feptiers de cens & rente fufd. . . . En tefmoingt defquelles choufes deffufd. nous tenant led. Seel, à la rellacion dudit Notaire, ... à fes diĉtes préfantes Leĉtres le dit Seel aux contraulx dudit Montferrand avons mys et appofé. Faiĉt préfans ad ce et appellés à tefmoingtz Meffire Pierre Chauon Prebtre, Reymonet des Saufz et Symon Jarrige; et donné le fixiefme jour du moys de May l'an mil cinq cens et dix-fept. (*Signé*) Gourriet, des notes de feu Maiftre Nycolas Gourriet Notaire quant vivoit de lad. Court de Montferrand, à moy comifes à groffoyer.

N.º XXIX.

Du 3 Juillet 1523. Copié fur l'original.

FRANCISCUS Conftave utriufque Juris Licenciatus, Canonicus Ecclefie Cathedralis ac Officialis Generalis Claromontenfis, Judex Commiffarius et exequtor in hac parte, a. . . . Domino Stephano Gabriel miferacione divina Archiepifcopo Bareñ et Epifcopo Legionenfi, Sanĉtiffimi Domini noftri Pape. . . . ad Chriftianiffimum Francorum Regem in Regno Francie. . . . Nuncio feu Legato, fpecialiter commiffus, ... univerfis. . . . prefentes Litteras infpeĉturis. . . . falutem in Domino. . . . Noveritis. . . . nos recepiffe Liĉteras prefati. . . Legati. . . nobis pro parte NOBILIUM ANTHONII DU CHARIOT (*) DOMINI DE COLENGES ET ANNE DE ROCHEFFORT. . . . in eifdem Liĉteris. . . . nominatorum. . . . ad exequendum prefentatas, quarumquidem Liĉterarum. . . . tenor fequitur (**) : Stephanus Gabriel miferacione divina Archiepifcopus Bareñ et Epifcopus Legionenfis, Sanĉtiffimi Domini noftri Pape. . . . ad Chriftianiffimum Francorum Regem in Regno Francie. . . . Nuncius feu Legatus, Reverendo in Chrifto Patri Epifcopo Claromontenfi. . . . (falutem in Domino). Nobis nuper pro parte dileĉtorum nobis in Chrifto Antonii du Chariot layci et Anne de Rocheffort mulieris, veftre Diocefis, peticionis feries continebat quod ipfi. . . . defiderant. . . . invicem matrimonialiter copulari. . . .; fed quia quarto con-

(*) Ce nom eft ainfi écrit dans l'aĉte.
(**) L'aĉte eft ufé en cet endroit.

fanguinitatis.... gradu (*) eorum in hac parte abfque difpenfatione apoftolica adim-
plere non poffunt,.... nobis fuit.... fupplicatum ut eis in premiffis (*) apoftolicē
dignaremur. Nos igitur, fupplicationibus hujufmodi inclinati, circunfpectioni veftre....
mandamus (*) non obfiftat dictaque Anna propter hoc ab aliquo rapta non fit.... (*)
legitime de prefenti in facie Ecclefie inter fe contrahē et in illo poftquam fic contractum
fuerit remanere libere.... poffint.... Datum Parifiis anno.... millefimo (*) Julii,
Pontificatus.... Adriani divina providentia Pāpe fexti anno primo. Quibufquidem Licteris.... receptis, nos, pluribus aliis.... prepediti negotiis.... officium noftrum concer-
nentibus,.... (*) Advocatum Curiarum Claromonē fratrem noftrum.... commiferi-
mus ad fe inquirendum de affertis.... et contentis in dictis (*) et aliis teftibus fide
dignis dicto Conftave Commiffario producendis... (*) ... in Civitate Claromontē et domo habitationis noftre comparuit coram nobis.... videlicet dictus nobilis Anthonius du Chariot (*) Anna de Rocheffort, qui nobis.... dictas Licteras.... produxit cum inquificione facta fuper illis... per... Magiftrum Carolum Conftave ex commiffione noftra,... cujus inquificionis tenor.... eft talis. Anno Domini millefimo (*) ,
tercia menfis Julii, vobis venerabili et circunfpecto viro Domino et Magiftro Francifco
Conftave Officiali Generali Claromontē, Judice et exequtore in hac parte (*) , Legati in Francia fpecialiter commiffo.... Nos Carolus Conftave Commiffarius per vos quoad
inquificionem inferius fcriptam fiendam refferimus ex commiffione (*) ad locum Moziaci
et ad domum NOBILIS DOMINE ANNE DE ROCHEFFORT DOMINE DE CROCHART, in qua....
comparuerunt coram nobis nobilis Anthonius du Chariot (*) Anna de Rocheffort,
qui nobis.... petierunt procedi ad examen et inquifitionem cum ipfis et teftibus nobis
per ipfos producendis.... Et.... nobis produxerunt in teftes nobiles Bertrandum de
Sainct Quentin Dominum de (*) ,Hugonem de Cebazat Dominum de Blanzat; quibus
comparicionibus, exhibitione et productione fic factis,...... nos ad...... inquifitionem (*) dictas partes necnon et teftes nobis productos examinavimus fuper dictis Licteris et articulis.... Et primo NOBILIS DOMINA ANNA DE ROCHEFORT DOMINA DU CRO-
CHART, etatis fue.... viginti duorum (*) ,.... dixit.... effe duo menfes vel circa
quod pᵘlocutum fuit de matrimonio contrahendo et follemnifando illud in facie Sancte
Matris Ecclefie per parentes dicte loquentis et parentes nobilis viri Anthonii du Chariot
Domini de Colenges inter predictos de Rochefort et du Chariot.... illumque vult habere
in virum dummodo difpenfetur fuper impedimento quarti gradus confanguinitatis quo fe
attingunt prefate partes.... NOBILIS VIR ANTHONIUS DU CHARIOT DOMINUS DE COLENGES ,
ETATIS SUE.... TRIGINTA ANNORUM VEL CIRCA,.... deppofuit fe bene cognofcere nobilem Dominam Annam de Rochefort Dominam du Crochart, cum qua intendit matrimonium contrahere,.... difpenfatione prius habita impedimenti quarti gradus confanguinitatis quo fe attinent dicte partes.... Nobilis vir Bertrandus de Sainct Quentin Dominus de la Val-Sainct Quentin, etatis fue.... triginta quinque annorum vel circa,....
dixit.... fe bene cognofcere... DICTUM DU CHARIOT QUI EST FILIUS DOMICELLE AGNETIS
DE CRESTES QUE AD PRESENS VIVIT ,.... QUEQUIDEM AGNES EST FILIA QUONDAM DEFUNCTI
DOMINI JOHANNIS DE CRESTES MILITIS, quem.... ipfe loquens.... vidit, et ERAT AVUS
DICTI ANTHONII DU CHARIOT; quiquidem Johannes de Creftes erat filius cujufdam nobilis
mulieris cognomine fuo nuncupata de Rochefort five d'Aly cujus nomen nobis nefcivit
vocare:.... bene tamen dixit quod dicta de Rochefort aliàs d'Aly fuit uxorata proavo
dictorum de Creftes(**); et ipfe loquens.... habet in uxorem Annam de Rochefort dictam
d'Aly, fororem Domini de Bayonne et Domini Guillelmi d'Aly Militis, Domini d'Aly; et
tenere femper audivit dictis d'Aly quod dicta de Rochefort fuerat matrimonialiter copulata
cum quodam cognominato Domino de Creftes cujus nomen ignorat ;.... dixit infuper
quod dicta de Rochefort aliàs d'Aly habuit unum fratrem qui fuit Dominus d'Aly cujus nomen ignorat , quiquidem Dominus d'Aly habuit unum filium nuncupatum Dominum Hugonem de Rochefort aliàs d'Aly, quem ipfe loquens pluries vidit ,.... ex quo Hugone
defcenderunt Ludovicus d'Aly et una filia vocata IZABELLA D'ALY foror dicti Ludovici,
QUEQUIDEM YZABELLA MATRIMONIALITER FUIT CUNJUNCTA CUM NOBILI PETRO DE ROCHE-
FORT DOMINO DICTI LOCI ET DE SEGHALIÉRES , EX QUIBUS YZABELLE ET PETRO DESCENDIT
ANNA DE ROCHEFORT COIMPETRANS: quofquidem Hugonem, Ludovicum, Yzabellem, et
Petrum de Rochefort maritum dicte Yzabellis, ipfe loquens pluries (*) vidit fratrem
dicte cognominate de Rochefort aliàs d'Aly, fed prout dictum eft audivit dicere.... fuis
predecefforibus quod dicti de Rochefort paē dicti Domini Hugonis fuerunt fratres, et per

(*) L'acte eft ufé en cet endroit.

(**) Ainfi dans cet acte.

hec (*) dixit ipfe loquens quod quarto gradu confanguinitatis prefate partes fe attinent ; .... et fignatum de S.ᵗ Quentin. Nobilis vir Hugo de Cebazat Dominus de Blanzat, etatis fue.... triginta duorum annorum vel circa, ... dixit.... fe bene cognofcere
dictos du Chariot et de Rochefort ex eo quia funt parentes dicti depponentis ; dixit infuper
quod cognofcit nobilem (*) de Creftes que eft mater dicti Anthonii du Chariot, quequidem de Creftes erat filia defuncti Domini Johannis de Creftes, et dictus Dominus Johannes
de Creftes erat filius cujufdam mulieris nuncupate in fuo cognomine (*) , quam tamen
nefcivit vocare, et Johannem de Creftes et dictam de Rochefort five d'Aly nunquam
vidit; .... audivit dicere.... fuis predeceꟼoribus quod dictus Johannes de Creftes (*)
de Creftes maꝰ ipfius loquentis et fic avus dicti du Chariot et dicta cognominata de Rochefort (*) five d'Aly erat mater dicti Domini Johannis de Creftes; .... quiquidem Dominus d'Aly frater dicte cognominate de Rochefort (*) Hugonem de Rochefort aliàs
d'Aly Militem, quem ipfe loquens pluries vidit, ex quoquidem Domino Hugone defcenderunt Ludovicus et Yzabella d'Aly, et quos vidit ipfe loquens ; quequidem Yzabella (*)
nobili viro Petro de Rochefort Domino dicti loci et de Seghaliéres.... ex quibus defcendit
dicta Anna de Rocheffort coimpetrans ; .... et fignatum de Blanzat. Et fuerunt dicti
fupra (*) .... examinati per nos Commiꟼarium fubfignatum.... pro parte dictorum
du Chariot et de Rochefort.... (*) coram nobis Magiftro Guillelmo Portal Notario
Claromonꝰ die tercia menfis Julii anno Domini milleꟼmo quingentefimo vigeꟼmo tercio.
Petens et requirens ipfe du Chariot tam pro fe, quam (*) , exequtionem dictarum....
Licterarum procederemus ; et pariter idem du Chariot nobis de novo.... produxit quaf-
dem alias Licteras... Sanctiꟼmi Domini noftri Pape (*) ..., quarum tenor... fequitur (*) .... Epifcopo Claromontenfi Leonardus.... Prefbiter Cardinalis falutem...
in Domino.... (*) .... ex certis racionabilibus caufis defiderant matrimonium copulari; fed quia quarto confanguinitatis gradu.... (*) , difpenfatione apoftolica fuper
hoc non obtenta: quare fupplicari fecerunt.... eis.... difpenfationis gracia mifericordi-
ter providere. Nos itaque (*)... circunfpectioni veftre commictimus..., fi eft ita,...
(*) in eo poftquam contractum fuerit licite remanere... xiii.° KL. Julii, Pontificatus
Domini Adriani Pape VI. anno primo. Quibus.... productionibus nobis factis.... nos
Judex et exequtor prefatus.... auctoritate apoftolica.... qua fungimur.... (*) Matris Ecclefie libere contrahere.... valeant.... In quorum omnium (*) Licteras....
per Notarium Apoftolicum fubfcriptum.... publicari mandavimus Sigilliique noftri....
juꟼmus (*) domo habitationis noftre anno ab Incarnatione Domini milleꟼmo quingentefimo vigeꟼmo tercio,.... die vero tercia menfis Julii....

Et ego Guillelmus Portal Clericus Claromontenfis Diocefis, publicus auctoritate apoftolica Curiarum (*) ,... hoc prefens publicum (*) confeci et in hanc.... formam
redegi,... (*Signé*) Portal.

N.° XXX.

Du 4 Avril 1526. Côpié fur l'original.

Teftament d'Antoine du Chariol S.ᵍʳ de Coulanges & du Vialard.

A TOUS ceulx qui ces préfantes verront, Alan du Terme Bachallier en Loix, Garde et
tennant le Seel pour le Roy noftre Syre aux contractz de Chargnac en Auvergne, falut.
Sçavoyr faifons que pardevant noftre amé et féal Anthoine Charenton Notaire dudict Seel
Royal Juré et les tefmoingtz cy-après nommés a efté préfant et perfonnellement eftably
NOBLE HOMME ANTHOINE DU CHARIOL SEIGNEUR DE COULANGES ET DU VIALARD, lequel...
défirant avant que de ce monde defparte pourvoyr au reméde et falut de fon ame et de fes
biens difpouzer, pour ce fon teftament.... a faict et ordonné en la manyére que s'am-
fuyt ; .... a vollu eftre enfevely dans la Chappelle Noftre-Dame en l'Efglize Parrochielle
dudict Collanges OU EST LA SÉPULTURE DES SEIGNEURS DUDICT COLLANGES ET AUTRES DE
LEUR MAISON ; les honneurs et obféques et bienfaictz pour fépulture, quaranténe et bout
de l'an, tant en meꟼes, aulmônes, offrandes, cyre, que autres choufes, a vollu eftre faictz
par la manyére que fera advifé et ordonné par NOBLE ET VÉNÉRABLE PERSONNE FRÉRE JEHAN
DU CHARIOL COMMANDEUR DE BILLON, ARCHIAPREBTRE DE SAUXILLANGES, CURÉ DUDICT
COULLANGES, SON FRÉRE, ET DE DAMÉ ANNE DE ROCHEFFORT CONSORTE DUDICT SEIGNEUR
TESTATEUR, et de chafcun d'eulx.... Et pour ce que l'inftitution de l'érityer ou hérityére

(*) L'acte eft ufé en cet endroit.

eſt chiefz et fondement de tout teſtament, ... pour ce icelluy teſtateur a. .... inſtitué. ....
& nommé ſon héritier univerſel, ... c'eſt aſſavoyr ANTHOINE DU CHARYOL ESCUYER, SON
FILZ NATUREL (*a*) ANNA DE ROCHEFFORT (*b*) ...., à la charge de conſtituer en
mariage à DAMOYSELLE YSABEAU (*c*) filhe (du diɛt) teſtateur et de ladiɛte Dame ſa
(conſorte) la ſomme de deux mil cinq centz livres tournois. .... et ſemblable ſomme au
poſtume, ſoyt filz ou filhe, qui deſcendra de la diɛte Dame. .... Et au cas que icelluy teſtateur alle de vye à treſpas deſlaiſſant ſes diɛtz anſſens en mynorité, a vollu icelluy teſtateur
que la diɛte Dame leur mére ſoiɛt admyniſtrareſſe et tutriſſe des perſonnes et biens des diɛtz
enſſans, tant qu'elle demeurera en viduité du diɛt teſtateur, et lediɛt Commandeur ſon
frére coadjuteur & conſeilher de la diɛte Dame au faiɛt de la diɛte admyniſtration ; et au cas
que icelle Dame ſe remarye, a vollu lediɛt teſtateur que lediɛt Commandeur ſon frére...
ſoit entiérement tuɛteur admyniſtrateur des perſonnes et biens des diɛtz anſſens durand
leur mynorité ; les exécuteurs du préſant teſtament que icelluy teſtateur faiɛtz et nomme,
noble et puyſſant Jacques de Murol Baron et Seigneur du Broc, Guillaume de Chavagnac
Eſcuyer, Seigneur dudiɛt lieu, enſemble leſdiɛtz Commandeur & Dame. .... En teſmoingt
de ce et à la rellation dudiɛt Notaire &c. préſants NOBLE ET RELLIGIEUSE PERSONNE FRÉRE
GUILHAUME DU CHARIOL PRIEUR DE SAINCT JULHEN, vennérables perſonnes Meſſires
Jehan Plaignes & Pierre Marge, Pierre Montanhac Preſtres, Guilhaume Plaignes filz à
Anthoine, dudiɛt Coullanges, et Gabriel Tailhebos Marchant de la Ville Sainɛt Germain,
le quatrieſme jour d'Apvril l'an mil cinq cens vingt et ſix. (*Signé*) Charenton, (*) le
contenu à la note et protocolle (*) ces préſentes icelles (*) expédier à moy devant
(*) ceſd. préſentes pour Jehan de (*) teſtateur expédiées, ce requérant.

N.º XXXI.

Du 26 Juillet 1539.

*Cet extrait d'un Arrêt du Parlement de Paris eſt tiré des MS. de feu M.ʳ du Fourny
Auditeur des Comptes, conſervés dans le Dépôt de M.ʳ d'Hozier-de Sérigny
Juge d'Armes de la Nobleſſe de France.*

GASPARDUS Boulier Scutifer contra Antonium Boulier Militem dicit quod deffunɛtus
Gaſpardus Boulier Miles et ejus uxor Anna d'Urſé jam a multis annis deceſſerant reliɛtis
liberis, nempe ipſis partibus et Johanne Boulier Prothonotario, et Guillerma, Claudia et
Margarita Bouliers, Monaſticam vitam ingreſſis, et Johanna et Anthonia quæ vivis pa-
rentibus maritatæ et dotatæ fuerant ; et diɛtus Gaſpardus pater ſecundo nubens reliquit vi-
duam Margaritam de la Grange. 26 Juillet 1539.

N.º XXXII.

Du Lundi 10 Mars 1549 (1550). *Copié ſur l'original.*

*Enquête ſur la Nobleſſe de Jean du Chariol l'un des fils d'Antoine du Chariol
& d'Anne de Rochefort.*

A TOUS ceulx qui ces préſentes verront, Germain Charenton Chaſtellain et Juge
ordinnaire de la Chaſtellenie et Seigneurie de Colanges pour *noble Anthoine du Chariol
Seigneur dudiɛt Colonges et du Vialard*, ſalut. Sçavoir faiſons que ce jourduy judiciele-
ment pardevant nous tenant la Court et aſſize des cauſes de la diɛte Seigneurie du diɛt
Colonges ſe eſt préſenté en ſa perſonne *noble Jehan du Chariol* natifz et domiɛillié dud.
Colonges, lequel nous a dit et requis que pour certains aɛtes et affaires qu'il avoiɛt et
principallement pour le faiɛt du degré de ſes nominations, *ſuyvant le ſeing, concordat et
prévilége donné aux Nobles*, luy eſt beſoing et néceſſaire faire apparoir pardevant nous
par maniére d'atteſtation *de ſa Nobleſſe* et s'en ayder de l'aɛte pardevant Meſſieurs de

(*a*) Le parchemin eſt uſé en cet endroit ; mais il eſt certain qu'on devoit y lire ces mots *et légitime et de
ladiɛte Dame.*
(*b*) Le parchemin eſt pareillement uſé en cet endroit : on devoit lire *ſa conſorte* comme cy-deſſus.
(*c*) L'aɛte eſt auſſi uſé en cet endroit dans l'eſpace d'un mot, & ce ne pouvoit être que *du Chariol.*
(*) L'écriture eſt entiérement effacée en cet endroit de l'aɛte.

l'Unyverſſité de Thoulouze et autres perſonnaiges et Juges, *comme deſcendu de noble lignée, aſſçavoir de feu noble Anthoine du Chariol en ſon vyvant Seigneur deſdictes Seigneuries de Colonges et du Vialard, et de Dame Anna de Rocheffort mariés conjoinctement; et icelluy feu Anthoine du Chariol fuſt filz légitime de feu noble autre Anthoine du Chariol en ſon vyvant Seigneur des dictes Seigneuries et Cappitayne pour le Roy noſtre Sire du Chaſteau d'Uſſom en Auvergnie, et de feüe Damoyzelle de Creſtes; et la dicte Dame mére du dict expoſant eſt deſcendue du couſté paternel de la Maiſon et Seigneurie de Rocheffort, et du couſté maternel de la Maiſon et Seigneurie d'Aly; eſtans nobles et deſcendus de noble lignée et d'ancienneté, ont veſcu en l'eſtat de Nobleſſe ſans avoir faict cas ne acte deſrogeant à Nobleſſe;* et pour en faire apparoir nous a produict à teſmoingtz nobles Françoys Chany Seigneur de la Seigneurye de Leyetz, eatgé de quatre-vingtz ans, Anthoine de Galeys Eſcuyer, demeurant à Sainct Germain-Lembron, eatgé de ſoixante-cinq ans, vénérables perſonnes Meſſires Jehan Vigier Prebtre dud. Colonges, eatgé de quatre-vingtz ans, Jehan Plaignes Prebtre du dict Colonges, eatgé de ſoixante-quinze ans, Bérauld Vigier Lumynier l'année préſente de l'Eſglize Perrochial du dict Colonges, eatgé de ſoixante ans, et honnorable homme Gabriel Dailhebos Marchant dudict Sainct Germain, eatgé de ſoixante-dix ans, tous préſens en leurs perſonnes, adjournez par Gabriel Vigier Sergent ordinnaire de la dicte Seigneurie de Colonges, comme ledict Sergent préſent nous a rappourté verballement; leſquieulx d. témoings en la préſence du Greffier de ladicte Chaſtellenie dudict Colonges avons receu et faict jurer ſur les Sainctz Euvangilles Noſtre-Seigneur de nous dire et rappourter bon et loyal teſmoniage de vérité ſur ce que deſſus: ce qu'ilz ont promis et juré faire; et après leſd. témoingtz préſentz, led. Greffier et témoings ſoubz-critptz, nous ont dict et rappourté concordablement et ſépareement l'ung après l'autre cognoiſtre *led. noble Jehan du Chariol expouſant pour l'avoir vu et enté ſouvant, lequel eſt noble et a eſté né et baptizé en ladicte Paroiſſe, et deſcendu légitimement,* tel tenu et repputé en ladicte Seigneurye et Perroiſſe dudict Colonges et autres lieulx de l'envyron, *deſd. feu noble Anthoine du Chariol en ſon vyvant Seig.r deſd. Seigneuries dud. Colonges et du Vyallard et de ladicte Dame Anna de Rocheffort veſve dud. feu Seigneur de Colonges; lequel d. feu Anthoine pére dudict expouſant fuſt filz légitime de feu noble Anthoine du Chariol en ſon vyvant Seig.r deſd. Seigneuryes et Cappitaine dud. Chaſteau d'Uſſon et de ladicte Damoyzelle Annès de Creſtes; leſquieulx d. ayeul et ayeulle dudict expouſant eſtoyent nobles, vyvans noblement,* que leſd. teſmoings ont veu et enté ſouvant; auſſi ont dict que *les pére et mére dud. expouſant ſont nobles et veſcu noblement* ſans avoir faict cas derrougant à nobleſſe, comme ils ont veu & ouy dire pour notoire; auſſi ont dict que *les prédéceſſeurs deſdictz pére et mére dudict expouſant en leurs vivans eſtoyent nobles,* quy n'ont fait cas derrogant à nobleſſe qu'ilz ayent veu ne ouy dire en ce Pays d'Auvergne où ilz ont faict leur demeure ne alhieurs, mais *ſont tenus et réputés nobles, uzans et jouyſſants des droictz de Nobleſſe,* comme ilz ont veu et ouy dire et tenir pour notoire; et ce qu'ilz ont dict et deppouſé ont dict et rappourté eſtre véritable en noſtre préſence, dudict Greffier, et de ſaige homme Maiſtre Anthoine Apchon Notaire Royal, Jacme la Croix Coullecteur l'année préſente des deniers Royaulx dudict Collanges, et de Pierre Apchon Lumynier de lad. Perroiſſe; et ledict expoſant de ce que deſſus nous en a requis acte pour luy valloir et ſervir en temps et lieu, que luy avons octroyé, ſigné et ſcellé. Ces préſentes faictes et données aud. Colonges tenant lad. Cour le lundy dixiéme Mars l'an mil cinq cents quarante-neuf. *(Signé)* Charenton Juge dud. Colanges, Apchon Procureur dud. Colanges préſent, et Apchon Greffier de Collanges.

On ne donnera pas (pour ſe conformer au plan de cet Ouvrage) la copie des Titres poſtérieurs à ce dernier, ces Titres devenants moins intéreſſants pour les amateurs de l'Antiquité à meſure qu'ils ſe rapprochent de notre temps.

Vû & vérifié par Nous Chevalier, Juge d'Armes de la Nobleſſe de France &c.

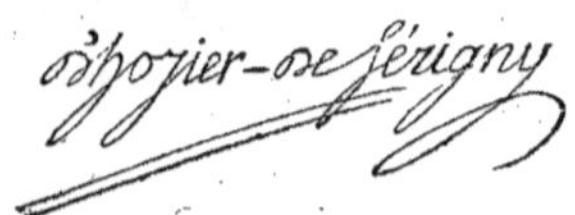

* 9 7 8 2 0 1 2 7 8 2 5 2 5 *